"十二五"国家重点出版物出版规划项目
网络文化创新丛书

指尖上的学习

——移动学习理论与应用

焦建利 著

清华大学出版社
北京交通大学出版社
·北京·

内 容 简 介

本书分为6章，包括移动学习概述篇、移动学习设备篇、移动学习技术篇、移动学习资源篇、移动学习策略篇、移动学习发展趋势篇。

本书通过对一些移动学习生活化的案例、故事及教与学的场景进行深入浅出的分析和点评，力图将有关移动学习理论的学术论述、观点与生活化的案例、故事、论述紧密结合，将移动学习、数字时代学与教的理论等议题融入通俗易懂的语言、可读性强的文字和典型的移动学习生活场景之中。

本书是"十二五"国家重点出版物出版规划项目"网络文化创新丛书"之一，具有较强的可读性、趣味性、哲理性，适合于生活在这个时代的每一位移动学习者阅读。

本书封面贴有清华大学出版社防伪标签，无标签者不得销售。
版权所有，侵权必究。侵权举报电话：010-62782989　13501256678　13801310933

图书在版编目（CIP）数据

指尖上的学习：移动学习理论与应用 / 焦建利著. —北京：北京交通大学出版社：清华大学出版社，2020.6
（网络文化创新丛书 / 尚俊杰主编）
ISBN 978-7-5121-4198-8

Ⅰ. ① 指… Ⅱ. ① 焦… Ⅲ. ① 网络教学–研究 Ⅳ. ① G434

中国版本图书馆 CIP 数据核字（2020）第 066877 号

指尖上的学习——移动学习理论与应用
ZHIJIAN SHANG DE XUEXI——YIDONG XUEXI LILUN YU YINGYONG

责任编辑：孙秀翠
出版发行：清华大学出版社　邮编：100084　电话：010-62776969
　　　　　北京交通大学出版社　邮编：100044　电话：010-51686414
印　刷　者：艺堂印刷（天津）有限公司
经　　销：全国新华书店
开　　本：165 mm×237 mm　印张：9.75　字数：126 千字
版 印 次：2020 年 6 月第 1 版　2020 年 6 月第 1 次印刷
印　　数：1～3 000 册　定价：59.00 元

本书如有质量问题，请向北京交通大学出版社质监组反映。
投诉电话：010-51686043，51686008；传真：010-62225406；E-mail：press@bjtu.edu.cn。

网络文化创新丛书
专家委员会名单

主　任：段永朝
副主任：王俊秀　姜奇平

委　员：（以姓氏拼音为序）
段永朝：财讯传媒集团有限公司（SEEC）首席战略官
方兴东：北京博客网信息技术有限公司创始人、互联网实验室董事长
胡延平：DCCI互联网数据中心创始人兼总裁
胡　泳：北京大学新闻与传播学院教授
姜奇平：中国社会科学院信息化研究中心秘书长；《互联网周刊》主编
焦建利：华南师范大学未来教育研究中心主任、博导
吕本富：中国科学院大学管理学院教授、博导
尚俊杰：北京大学学习科学实验室执行主任、博导
陶　侃：《远程教育杂志》执行主编、编审
王俊秀：信息社会研究所研究员兼所长
汪向东：中国社会科学院数量经济与技术经济研究所教授
汪云志：财讯传媒集团有限公司（SEEC）副总裁
吴伯凡：《21世纪商业评论》主编

网络文化创新丛书
编委会成员名单

主　任：尚俊杰
副主任：焦建利　陶　侃
委　员：（以姓氏拼音为序）
　　　　曹培杰　蒋　宇　焦建利　李宏利
　　　　梁林梅　马红亮　尚俊杰　陶　侃
　　　　庄秀丽

"网络文化创新丛书"序言

20世纪对人类生活有较大影响的发明有很多，互联网的发明无疑是名列前茅的。20世纪末期，互联网将世界各地100多万个网络、1亿多台主机和5亿多用户连接起来，形成了一个覆盖全球的能够开发和使用信息资源的信息大通道，由此进入了人类社会生活的方方面面，对政治、经济、军事、科技、文化、社会等领域都产生了重大影响，从而揭开了信息时代的序幕。互联网利用通信网络将人们的生活连接起来，它就像是城市之间的高速公路，只是这条高速公路上行驶的不是汽车，而是信息。这些信息就是一座取之不尽、用之不竭的宝库。同时，互联网也为人类社会带来了各种崭新的体验。今天的你足不出户就可以游遍世界各地，品尝到世界美食，甚至还可以在家办公，而这些都可以通过点击鼠标来实现。

互联网的存在，缔造了该时空内外的人类文化现象，形成了网络文化。可以说，计算机网络诞生之日，便是网络文化产生之时。随着网络技术的发展，网络与现实社会的不断融合，使得网络文化的非强制性影响力也在不断增强，已经渗透到人们的衣食住行。比如说，借助电子邮件、即时通信等信息沟通工具，人们不需要见面就可以沟通信息，表达情感；数以万计的求知者通过在线学习，给持续上千年的教育形式带来了挑战，"学校教育是否还应该存在"的质疑不再是无稽之谈；今日的网络文学方兴未艾，诸如"神马""给力"等网络用词进入公众视野，成为一种常规表达；以网络游戏、网络音乐、网络影视等构成的网络娱乐更是无孔不入，提供了一个全民娱乐的机会，即使用"娱乐至死"来形容网络娱乐的影响也一点都不为过。诸如此类，网络文化已经无处不在，实际上它就在你我身边，生活在网络文化中，我们无时无刻不感受着信息传播的快捷、沟通的流畅和娱乐的快感。

文化创新是人类发展的灵魂，也是文化传承与发展的不竭动力。网络文化创新既可理解为网络环境下的文化创新，也可被认为是网络文化的创新。近年来，网络文化事业、文化产业始终保持快速发展势头。网络文化的创新与发展受到社会各界的高度关注，网络文化创作生产空前活跃，网络文化产品和服务日益丰富，网络文化阵地不断壮大，网络文化的吸引力、影响力在进一步增强。为了让广大读者了解网络文化，理解网络文化创新，北京交通大学出版社组织国内部分中青年专家、学者编著了此套网络文化创新丛书，其中包括学习篇、社会篇、实践篇等。

"学习篇"主要论述网络文化中的学习，试图回答网络技术如何支持学习和人的发展这一问题。网络将世界打开在世人面前，它为求知者提供了诸多独特的学习方法，让他们在一个庞大人群和博大文化中学习。借助各种联络方式，网络不仅为人们提供了信息，而且能让人们迅速地联系到这些信息的提供者，从而发现潜在的同行、同伴和导师，其规模之大，可谓无孔不入，瞬间即可完成，使得我们的个人身份和能力得以改变。网络已经融入学习的方方面面，从学生学习到企业培训，并处于一种持续变动的状态中。与在校园里学习相比，网络学习更具参与性、全球性，丰富多彩，因为与文化关系密切而更加吸引人。

根据"宽带中国"战略描绘的蓝图，在可预见的将来，我国的网络基础设施将会越来越好，快速便捷的网络服务将会渗透到每个家庭、影响着每个个体。在第三次工业革命的进程中，互联网技术与可再生能源逐步融合，形成可再生资源网络，引领着创新的步伐，推动着学习新纪元的到来。另外，旧的知识传播体系已经无法适应"数字土著"的学习方式，他们更希望在学习中能够得到与访问互联网一样的交互和沉浸体验。在网络时代，如何去认识学习，如何利用网络技术去学习已成为社会各界尤其是教育界关注的焦点。

学习与一个人的发展息息相关。本丛书所述的内容实际上已经超越了"学习"这一经验传授或知识建构行为，而与人的发展关联起来。具体来说，该丛书以网络时代的焦点——技术与人的发展为基础，探讨文化与教育、技术与学习、发展与创新等网络学习中的关键问题。"学习篇"的编者多为青年学者，他们熟悉网络技术，长期从事与信息技术相关的具有代表性的教育研究，积累了丰富的研究经验，具有开拓精神和创新视野。该丛书是他们在面向研究者、行业实践者、学生朋友和社会人士的多年研究中形成的一系列研究成果，凝聚着这些青年学者的智慧和心血，值得期待和用心品读。

尚俊杰

2020年4月

前 言

随着互联网的迅猛发展,我们正在全面地、大踏步地进入 5G 时代。

据"2019 年度《互联网趋势报告》发布(附原文下载)"统计显示,2018 年,中国移动互联网用户已达到 8.2 亿,移动互联网数据流量同比增长 189%,移动互联网已成为知识服务的有力支撑。在此背景下,信息大爆炸,知识快速更迭,并不断地由我们的头脑外包到了互联网和移动终端,学习变成了更加可视化和按需的学习,知识获取呈现碎片化的趋势,人类的学习图景正面临着历史上前所未有的大变革。

借用狄更斯《双城记》开篇的那句名言来描绘我们今天所处的这个时代,实在是再恰当不过了:"这是一个好的不能再好的时代"。这是知识创新的新时代,这是人类学习大变革的时代,这是学习无处不在、随时、随地发生的移动学习的时代,这也是移动学习的全新时代。

清晨,在地铁里,君不见,每位乘客都是人手一机,或借助手机学习在线课程,或在阅读订阅的专业微信公众号的推文,或在微信朋友圈里打卡学习英语,或分享自己使用某一款 App 练习瑜伽的心得和徒步健身的美妙体验……

今天,学习的理念正在快速地迭代。在这样一个移动互联网的时代,恐怕再也没有多少人简单地把学习理解为是在校学生的事情了,今天,学习,是每个人一辈子的事情。在 20 世纪的时候,伟大的科学家爱因斯坦曾经说过:"一旦你停止学习,你就走向灭亡。"今天,对生活在这个时代的每个人来说,学习如同氧气,恰似健身,移动学习与我们如影随形。

技术的进步和移动学习的发展，尤其是在全球开放教育资源运动蓬勃发展的大背景下，今天的学习变得异常容易，我们仿佛来到了一个教育资源的大同世界。今天，借助互联网，利用碎片化时间，在互联网"开放"和"共享"的精神感召下，通过在线课程、用户生产的内容、新媒介和社交网络、大学视频公开课和慕课（大规模开放在线课程）、不同背景的个人网站、博客、自媒体……我们可以经由网络，进入全国各地甚至许多世界名校教师的课堂，领略名师课堂风采；我们可以与全国甚至全世界的学生共享优质资源，体验分享的快乐。今天，我们任何人都可以借助网络，向其他任何人学习我们想要学习的几乎任何东西。

回顾过去几十年，移动学习一直在高速发展，在实践层面上积累了大量的经验，在研究层面也涌现出了海量的研究成果。然而，作为一种新型的学习形态，对于每位普通读者来说，移动学习的理论有哪些？有哪些设备、技术、资源、策略可以支持并帮助自己践行和享用移动学习的恩泽？展望未来，移动学习何去何从？这些问题都是每位移动学习者需要思考的至关重要的问题，也是本书要着力讨论的问题。

基于以上思考，在过去20年，笔者在其"教育技术学自留地"博客中，撰写了不少关于移动学习博文、读书笔记、学习心得、典型案例、实用工具，基于过去这些年累积的博客文章，经过遴选、修订、补充、完善，梳理形成6章，包括：移动学习概述篇、移动学习设备篇、移动学习技术篇、移动学习资源篇、移动学习策略篇、移动学习发展趋势篇，来回应上段提及的3个问题。

依据丛书的设计和基本定位，在写作风格上，笔者尽量使用生活化的案例，联系教与学的场景，就相关的问题展开剖析和点评，努力将学术论述、思想观点与生活化场景紧密联系，力图使理论、观点与生活实际、教与学场景展现等对接，力图深入浅出地呈现和论述移动学习理论与应用的方方面面，以使全书具有较强的可读性、趣味性、哲理性，满足对移动学习理论与应用感兴趣的各个不同年龄段人群的阅读。

作为"十二五"国家重点出版物出版规划项目"网络文化创新丛书"中的一本，本书在酝酿、构思到撰写整个过程中，得到了北京大学教育学院尚俊杰副院长及编委会诸位同人朋友的提携、关爱和支持。在整个过程中，得到了北京交通大学出版社孙秀翠副社长的鼎力支持。作为包括本书在内的这套丛书的策划和本书的责任编辑，孙秀翠编辑的专业和敬业，给我留下了极为深刻的印象，她的创造性劳动，在包括这本著作在内的整套丛书中都得到了充分的体现。因为我个人的原因，在这本著作一直拖延难以如期交稿的时候，孙秀翠编辑永不言弃，她的耐心和宽容，更是让我感慨万千。最后，我还要特别感谢我的研究生马凡同学，是她协助我完成了整个书稿文字的订正和校对工作。

限于本人学识与水平，本书难免存在这样或那样的不足和缺憾，敬请读者不吝赐教。

焦建利
2020 年 4 月

作者简介

焦建利，教育学博士，华南师范大学教育技术学教授，博士生导师，现任华南师范大学未来教育研究中心主任。

焦建利教授长期从事教育技术学基本理论、学习科学与技术、技术支持的教师专业发展、在线教育与网络教育、一对一数字化学习等方面的研究工作。

此外，焦建利教授还是国内教育领域一名知名博主，过去20年来，他在其博客"教育技术学自留地"（www.jiaojianli.com）上发表了2000多篇博文，访客遍布海内外，在学习科学、教育信息化、教师教育、教育技术学领域产生了重要而广泛的影响。

目录

第1章　移动学习概述篇 ·· 1

1.1　开放世界的学习 ·· 1

　　SoLoMo：移动互联网时代的生活方式 ······················ 1

　　So：Social——社会的和社交性的 ······························ 2

　　Lo：Local——基于位置和本地 ···································· 3

　　Mo：Mobile——移动和借助移动终端 ························ 4

　　Open：开放世界的学习 ·· 5

1.2　移动学习内涵：关于移动学习的微博对话 ············ 7

1.3　在线学习，非诚勿扰 ·· 9

　　一个尚未完成的戒烟故事 ·· 10

　　在线学习优势之谈 ·· 12

　　在线学习，万事俱备，只欠"诚"字 ·························· 14

1.4　移动学习理论：克拉克·奎因的4C模型 ·············· 15

　　克拉克·奎因简介 ·· 16

　　克拉克·奎因移动学习的4C模型 ································ 17

　　克拉克·奎因4C模型的启示 ·· 19

1.5　移动学习的原则 ·· 20

　　移动学习的12个原则 ·· 20

I

第 2 章　移动学习设备篇 ·· 24

2.1　电子书包和一对一数字化学习 ························· 24
电子书包是"香饽饽"吗？ ··································· 25
一节平板电脑课堂引发的深思 ······························ 28
平板电脑教学的困境与出路 ·································· 33
关于电子书包项目的 20 句大实话 ························· 34
关于决策孩子是否参与"电子书包"项目的建议 ······· 37

2.2　社交媒体、移动终端与中小学生的学习 ············ 39
移动终端记笔记，你用了吗？ ······························ 41
我们还要禁止孩子使用手机吗？ ··························· 45
学生手机：究竟是天使，还是魔鬼？ ····················· 46
学生手机：你禁你的，他用他的 ··························· 47
观点：正确引导 ·· 47
一个凤梨冰棒的励志故事 ····································· 49

第 3 章　移动学习技术篇 ·· 52

3.1　开箱亮宝：我的个人学习环境 ························· 52
3.2　Radio Garden：一个网站听遍全球电台广播 ······ 55
3.3　讯飞：君子动口不动手 ·································· 58
科大讯飞：中国互联网的骄傲 ······························ 59
讯飞输入法 ··· 59
讯飞语记：让你君子动口不动手 ··························· 60
3.4　Quartz 新闻阅读，像与暖男聊天 ···················· 62
3.5　全球钢琴独奏音乐会引发的思考 ······················ 65
Magic Piano：魔法钢琴 ······································· 65
用手机围观象棋比赛 ··· 67

苏珊·平克：创建村落效应的 6 条原则 ·················· 68

第 4 章　移动学习资源篇 ·················· 70

4.1　慕课（MOOC）的理念 ·················· 70
MOOC 组织的原理 ·················· 70

4.2　小窗口，大世界 ·················· 71
"刘母鸡"的历史课堂 ·················· 72
邹昊格的故事 ·················· 72
"查尔斯王子"和他的王子微课 ·················· 76

4.3　弹指一挥上世界一流大学 ·················· 79
CLASS CENTRAL ·················· 79
在线学习支持服务很关键 ·················· 83

4.4　说说慕课学习中的辍学问题 ·················· 85
辍学是很普遍的 ·················· 85
慕课辍学是正常的 ·················· 85

4.5　关于慕课学习的几点建议 ·················· 87
做一名主动的慕课学习者 ·················· 89

4.6　慕课研究与探索：我的 10 年回顾 ·················· 91

4.7　中小学数学老师最喜欢的 18 个资源 ·················· 92

4.8　随时随地聆听大师的教诲 ·················· 95
TEDx：自组织的 TED 演讲活动 ·················· 97
TED 演讲：18 分钟改变世界 ·················· 98
TED-Ed：基于视频的在线课程开发与应用 ·················· 99

第 5 章　移动学习策略篇 ·················· 102

5.1　从搜索到汇聚到策展 ·················· 102
搜索让人沙里淘金 ·················· 103

　　　　汇聚：RSS 让信息来找我们 …………………………………… 103

　　　　策展：让人们在消费的同时生产知识 …………………………… 105

　　　　从搜索到 RSS 汇聚再到策展 …………………………………… 106

5.2　指尖下面是大路 ……………………………………………………… 107

　　　　鼻子下面是大路 …………………………………………………… 107

　　　　指尖知识 …………………………………………………………… 109

5.3　搜索就是学习 ………………………………………………………… 111

5.4　知之为知之，不知 Google 之，是为真知 …………………………… 113

　　　　Google 搜索：实在不简单 ………………………………………… 113

　　　　Google 搜索：提升解决问题的能力 ……………………………… 114

　　　　用 Google 找盒饭吃 ……………………………………………… 115

5.5　知识技能分享：让人人为师、人人为学成为可能 …………………… 117

　　　　交通分享：让人们搭上互联网的顺风车 ………………………… 117

　　　　房屋分享：让租住更有人情味 …………………………………… 118

　　　　分答：分分钟躺着就把钱挣了？ ………………………………… 119

5.6　实践社群中的学习与知识建构 ……………………………………… 120

　　　　Classroom 2.0：第二代课堂教学 ………………………………… 121

　　　　张伟春和他的天河部落 …………………………………………… 122

　　　　Pedagoo.org：一个很棒的教师实践社群网站 …………………… 122

5.7　对寂寞单调之极的徒步，笔者是如何上瘾的 ……………………… 124

　　　　徒步，其实是蛮有意思的 ………………………………………… 124

第 6 章　移动学习发展趋势篇 ……………………………………………… 127

6.1　移动学习应用与研究的新进展 ……………………………………… 127

　　　　移动学习理论亟待发展 …………………………………………… 129

　　　　移动学习的未来走向 ……………………………………………… 131

6.2　在线教育前景其实是个老话题 ……………………………………… 133

多空交战依旧 …………………………………… 133
多空之战是老话题 ………………………………… 134
学习动机和在线参与式学习方法 ………………… 135

参考文献 …………………………………………… 137

第 1 章
移动学习概述篇

1.1 开放世界的学习

今天,只要能接入互联网,任何人都可以借助网络,向其他人学习自己想要学习的东西。

这是人类教育史上前所未有的学习方式。

SoLoMo:移动互联网时代的生活方式

SoLoMo,是三个英文单词拼在一起形成的一个缩略词,这三个英文单词分别是:Social,Local,Mobile。

2011年2月,美国KPCB风险投资公司(Kleiner Perkins Caufield & Byers)的合伙人约翰·杜尔(John Doerr)第一次提出了"SoLoMo"这个概念。他把最热的三个关键词:Social(社交)、Local(本地化)和Mobile(移动)整合到了一起。

SoLoMo,意为社交(So—Social)、本地(Lo—Local)和移动(Mo—Mobile)。具体是指利用移动设备、基于地理位置并结合社交网络特点而提供的网络服务。

Social, Local and Mobile

SoLoMo 概念一经提出，立即成为硅谷创业的热词，并迅速风靡全球。它实现了互联网从技术性向社交性的转变，以及内容平台向活动平台的转变。被认为是 Web 2.0 时代到来之后最具有颠覆性的应用模式，是互联网未来的发展趋势，并代表着移动互联网时代人们的生活方式。

So：Social——社会的和社交性的

人是社会性动物，过去是，现在是，将来也是。互动、交流与沟通，可以说是互联网时代人类行为的鲜明而重要的特征。

"从本质上讲人是一种社会性动物；那些生来离群索居的个体，要么不值得我们关注，要么不是人类。"亚里士多德在公元前 325 年的著作《政治学》里的这段论述，听起来虽然有些极端，但是，近年来，一些科学家对人类大脑的研究也证明了人们对社交的需求如同对食物、住所的需求同样重要。

今天，由于有了互联网技术的普及与迅猛发展，人们借助移动通信设备，利用即时通信软件，利用 Facebook、Twitter、新浪微博，以及其他林林总总的社会性网络，使互动、沟通和交流从来都没有像今天这样频繁和便捷过。可见，人类进入了社交时代。

根据《大西洋月刊》的报道，1950 年，独居的美国人不到 10%；到 2010 年，有 27%的美国人选择独居。1985 年，一个人的平均"密友"数量是 2.94 个，只有 10%的人称自己没有能够谈心的朋友；而到了 2004 年，一个人的平均"密友"数量是 2.08 个，25%的人称自己没有可以谈心的朋友。在此 20 年间，最大的变化是互联网的出现。互联网的出现引起了人们社交的变化。

事实上，今天的互联网都是社交性的，或者说是社会性的。在互联网的发展过程中，许多人一直希望把真实的社交行为搬到互联网上，让人们的社交成本降到最低。无论是以前的聊天室，还是之后的交友网站，或者是 SNS 社交网站，其宗旨都是更好地帮助人们建立社交关系，维护社交关系。互联网甚至还能建立起以往真实世界所无法实现的社交行为，比如无秘、阅后即焚、匿名社交等。

互联网究竟让人们的生活和学习陷入了更热闹还是更孤独的场景中？在这个时代，如何才能获得高质量的社会关系呢？

Lo：Local——基于位置和本地

数字时代的人，是在三个不同的世界穿梭的人。这三个不同的世界分别是语言文字世界、物理世界和数字虚拟世界。而在物理世界中，基于位置的生活方式使得基于位置和本地成为互联网的重要特征。

近年来，基于位置的服务（location-based services，LBS）已经被广泛使用，并深深地改变着每个人的日常生活。就像有些网民总结的那样："朋友聚会，可以用大众点评网这款应用，搜索附近数百米内评价、口味、星级最高的餐馆；可以用百度地图，去寻找最便捷的行车路线；在街旁网签到，并与友人分享大快朵颐的照片；发一条新浪微博并定位自己所在的位置；高德导航可以轻松取代车载 GPS 定位，迅速指向下一个玩乐的目的地。"可以说 LBS 是 SoLoMo 的雏形，为今后服务向本地化的发展指明了前进的方向。

LBS 能够广泛支持需要动态提供地理空间位置信息的应用，从寻找旅馆、急救服务到导航，几乎可以覆盖生活中的方方面面。

有了移动终端，有了智能手机，世界将以你为中心。

Mo：Mobile——移动和借助移动终端

2019年8月30日，中国互联网络信息中心（CNNIC）在京发布第44次《中国互联网络发展状况统计报告》。

报告显示：截至2019年6月，我国手机网民规模达8.54亿，网民中使用手机上网人群的占比由2018年的98.6%提升至99.1%，手机上网的网民比例持续提升。与此同时，使用电视上网的网民比例也增加了2个百分点，已达33.1%；台式计算机的使用率出现下降，手机不断挤占其他个人移动网络设备的使用。

看到这个不断增长的数字，实在让人赞叹不已！99.1%的互联网用户用手机上网，手机在互联网应用中占据了绝对的主流地位。而我们现在的学校呢？如何将手机从一个社交的工具、拍照的工具、通信的工具，变成主流的学校工具、教师的教学工具、学生的学习工具？

首先，学校应慎重思考学生在校园使用手机的问题。一些学校之所以反对学生带手机进校园，重要理由之一是孩子自制力差，很容易沉迷于游戏。学生的自制力差，确实是一个很现实的情况，而这正是需要教师、家长的时候。在小学，难道我们把自制力差的学生，捧在手心里，交给初中学校；在初中，也手捧着这些自制力差的孩子，交给高中学校；在高中，我们手捧着他们，交给大学；在大学，又把自制力差的孩子，推给社会。难道这不是家长、教师的失职吗？游戏本身无罪，游戏是人的天性。生活里没有了游戏，那该是多么无趣啊！但不良游戏有罪，正因为如此，需要抵制的是让孩子产生沉迷于游戏的不良习惯。各个学校不允许孩子使用手机，也许一个重要原因是缺乏使用手机教学的成功经验，所以，没有学校愿意去冒这个险。

其次，我们要敢于尝试、勇于探索，将移动终端融入教育教学过程中。比如，微博、微信、QQ等软件可以作为学生们的网络学习空间，在课堂上学到的知识，课后可以依托这些社交平台进一步交流，使得知识达到内化。再介绍一款最近比较流行的手机App——抖音，抖音这款软件为人们搭建了一个交流分享的平台，最初，抖音上都是一些幽默的短视频，后来慢慢受到广大网民的喜爱，很多人便开始利用这款软件制作英语或数学等科目的教学短视频，试想把这些教学视频作为学生的学习资源，这样学生不仅可以在学校学习知识，还可以在校外开展移动学习，日积月累是不是也会收获颇丰？但这些都是在学生有极高自制力的前提下实现的。因此，我们最应该做的就是培养学生的高度自制力，从根源上帮助学生成长，以便其更好地适应当今的移动互联网时代。

事实上，将移动终端应用于教育教学，其实还有很长的一段路要走。近些年，也有不少反对移动终端进入大中小学课堂的声音。但归根结底，我们是不能严格禁止孩子使用移动终端的，因为，如果严格禁止孩子使用移动终端，那么，我们就剥夺了孩子们借助信息手段生存的能力。走出校园，他们打不到出租车；在菜市场，他们从爷爷奶奶大妈大婶手里买不到菜。

笔者常常想，我们成年人，尤其是教师和家长，也许更应该放低身段，向孩子们学习，和孩子们一起学习，共同成长。我们不能因为自己不知道如何引导孩子正确使用移动终端，就一纸禁令，以为万事大吉。

在移动终端的学校应用方面，笔者始终坚持的立场是：放任自流和严格禁止，都是一样错误的。我们必须因势利导，把孩子们的自觉、自主、自我管理放在优先发展的新战略地位。

您觉得呢？

Open：开放世界的学习

伴随着技术的飞速发展，尤其是风起云涌的全球开放教育资源运动的蓬勃发展，使得今天的每个人都进入了一个"人人为师，人人为学"的时代,亦可谓是"天下名师皆我师"的时代。如今,只要能接入互联网,任何人都可以借助网络,向其他人学习自己想要学习的东西。这是人类教育史上前所未有的学习方式。

今天,你学,或者不学,课程就在那里了。并且,课程数量正在与日俱增!

今天,你学,或者不学,大师就在那里了。并且,与我们不离不弃!

今天,你学,或者不学,我们的孩子都在学。

在这样的情况下,我们如何做他们的父母,怎样做他们的教师?其实,在这样一个全球开放教育资源蓬勃发展的时代,在这样一个教育资源近乎大同的社会,我们必须对教师职业下一个新的定义。因为,这是一个信息快速更新的时代。昔日教师所拥有的"知识霸权"的地位已经一去不复返了。不仅如此,我们还必须要考量昔日学校的功能和价值,甚至需要重新设计我们的学校。

有的时候,笔者在想,我们今天所处的时代,可以套用狄更斯《双城记》开篇所说的那样:"这是一个好的不能再好的时代,这是一个糟的不能再糟的时代。"

对于一个生活在这个时代的乐于在线学习和善于在线学习的人来说,这是一个好的不能再好的时代。因为他可以通过网络,在任何时间、任何地点,以他喜欢的任何方式、向其他人学习他想要学习的几乎任何东西。从大方巾的 56 种叠法,到怎么做鱼香肉丝,甚至如何制造无人飞机,只有你想不到的,没有你学不到的。

为此,近些年来,笔者常常跟自己的家人、学生,以及身边的朋友讲这样一句话:"在未来,如果你想拥有一份体面的工作,那么,从今天开始,你就应当不断地借助网络丰富自己的知识和技能。"这是全球互联网赐予生活在这个时代的每个人的恩惠。相反,对于一个懒惰的人来说,对于一个和这个时代精神格格不入的人来说,对于一些数字难民来说，这实在是一个糟的不能再糟的时代。

在过去的一二十年间，互联网已经不仅仅是单纯的一个信息来源了，它开始将越来越多的人联结在一起，变成了一个联结人与人的工具、一个网上的实践社群、一个在线交际的场所。因此，很多东西变得更加"开放"，移动学习也会随时随地发生。

1.2 移动学习内涵：关于移动学习的微博对话

> 移动学习（mobile learning）是一种在移动计算设备帮助下，
> 能够在任何时间、任何地点进行的学习。

@Being 柳楝、@wangegg、@老马哥在路上（马瑞轩）、@风来数竹、@科波菲尔先生、@半兽人学教育技术、@葩客、@豹豹的务虚笔记等都是笔者的新浪微博好友。在现实生活中，这些人既是网友的身份，也是笔者的好友兼同事。

2013 年 8 月 29 日上午，@Being 柳楝发起了一段对话，并@了笔者及其他朋友，由此引发了一场关乎移动学习本质的讨论。回头看这些对话，相信其中的一些看法也绝非仅存于我们几人之间。为此，笔者专门将这些对话整理出来，以供读者参考。

@Being 柳楝：行万里路，读万卷书，这个是不是移动学习？

@葩客：是！

@焦建利：是，也不是。现在人们所说的"移动学习"，是指基于移动终端的学习，可以说是狭义的"移动学习"。如果把运动之中的学习，也称为"移动学习"，大概可以算是广泛意义上的"移动学习"。

@焦建利：我相信，绝大多数人不会将印刷式书本视为现在大家通常所说的"移动终端"，不过，Kindle 之类的电子书应该算是。

@Being 柳棟：一本纸介质书和一本 Kindle 上的电子书，在移动性上哪个更好？Kindle 之类的电子书应该算，那么纸介质书就不算了？

@焦建利：呵呵！我们的讨论无法进行下去了。如果纸介质书也称"移动终端"，Being 兄，那您手里端着的那个大茶壶，也能算"移动终端"。

@科波菲尔先生：关键是界定这个"行"和"书"的概念。行，是物理距离的移动，且行且学习，是广义的移动学习。书，无论是传统纸介质书还是电子书，均可以视为移动的阅读终端。因此，也是广义的移动学习。狭义的移动学习仅限于电子终端的跨物理距离使用。

@科波菲尔先生：或者再严谨一点来说，移动学习在当今应该是借助现代科技手段，如电子书、网络资源、云存储、无线上网环境等实现的，不受时间和空间限制的，实现学习者自我或互助学习的学习行为。

@豹豹的务虚笔记：协助搜索功能没有啊，除非背一套大英百科全书。

@Being 柳棟：那么我到处向人打听"这个地方有什么故事？""您这儿谁最有学问"等问题，算不算是一类搜索？

@焦建利：严重同意！

@科波菲尔先生：再补充一下，移动学习的基本构建应具备可读取的云资源、速度合适的网络支持、灵活多样的移动存储及阅读终端、学习和反馈者、资源维护和制作者、可读取的云资源……

@Being 柳棟：一路上遇到的人、事、景，是不是另外一类"云"？

@老马哥在路上（马瑞轩）：坐着车看你们的讨论，移动学习 ing。

@wangegg：显然不是。这就好比讨论《道德经》是否是哲学著作一样，尽管它具备一些哲学方面的特点，但仍不符合当下对哲学的定义。古代的东西拿来套今天的概念，既无必要也不合适。当然，这不妨碍我们吸取古代的精华。

@Being 柳栋：这样的移动学习的物质条件在定义中已经说明了，那么人的条件会是什么？典型的应用场景有哪几个？

@wangegg：这是个很好的问题。

@半兽人学教育技术：我觉得回答这两个问题：一是移动终端如何界定；二是有了这些移动终端，在什么条件下才能说移动学习真的发生了。

@风来数竹：移动学习的关键还是在于 seamless learning（无缝学习），即借助无线宽带技术将学习和学习者联结起来。无论学习者身处何处，借助移动终端都能与学习社区建立联系。

而笔者对于移动学习的理解是，移动学习是一种在移动计算设备帮助下，能够在任何时间、任何地点进行的学习。移动学习所使用的移动计算设备必须能够有效地呈现学习内容并且提供教师与学习者之间的双向交流。随着无线通信技术和无线终端的飞速发展，移动学习作为一种新的学习模式，已引起了越来越多的人的关注，并逐步成为教育技术学和远程教育领域的一个研究热点。

1.3 在线学习，非诚勿扰

> 在线学习，只要你乐意，就可以借助网络的力量，学习你想学习的东西。

在网络技术洞开教育大门的今天，在这样一个开放教育世界之中，移动学习已经为每个人的终身学习提供了受教育的机会。基于网络的在线学习不仅是今日世界之潮流，也必将成为教育变革的明日之星。

这里，笔者要跟朋友们分享一个自己尚未完成的戒烟故事，以及这个故事背后的功臣——基于 iOS 的戒烟 App。

一个尚未完成的戒烟故事

之所以把这个故事称为"一个尚未完成的戒烟故事",是因为2018年6月1日是笔者戒烟的第65天,当时可以算是初见成效了,也记录了这个还在续写的故事,故事背后的功臣是一款基于iOS的戒烟App——QuitNow,如图1-1所示。

图1-1 基于iOS的戒烟App——QuitNow

图1-1(a)中展示的是QuitNow的菜单,包括"戒烟时间(Time Gap)、健康状况(Health Status)、戒烟效果(Effect)、健康统计(Health Stats)、吸烟历史(History)、推文日记(Tweet Diary)及设置(Settings)"7项。

其中,"戒烟时间"是执行戒烟计划以来的累计时间,它会帮助你记录已停止吸烟多长时间了。不仅如此,QuitNow还会根据你吸烟的历史，计算你的身体恢复状况，以及距离目标的情况。如图1-1（b）中的数字，则显示本人已经戒烟"65天零23小时15分51秒"，即将进入第66天。

QuitNow菜单第二项为"健康状况"，打开之后，如图1-1（c）所示：QuitNow会根据你戒烟的进程，计算你的血氧、味觉、体力、肺活量、突发状况降低的级数，以及致癌率降低的级数共6项指标的情况。

QuitNow菜单第三项为"戒烟效果"，可粗略计算自戒烟以来，你节省了多少买烟的钱、少吸了多少支香烟、延长了多少寿命，以及节省的用于吸烟的时间等。当然，这些数值都是根据你输入的以前每天的吸烟量及香烟单价来粗略计算的。

QuitNow菜单第四项是"健康统计"，它会根据你的烟龄，把你的健康状况划分为"危险、差、好、很好"4个等级。依据你的烟龄和戒烟的进程，大概算出你的健康情况。

QuitNow菜单第五项是"吸烟历史"，它会根据你输入的数值，计算出你的烟龄、用于买烟的钱、吸掉的香烟支数，以及因吸烟浪费掉的时间等。

QuitNow菜单第六项是"推文日记"，你可以随时用手机发布自己的戒烟日记，与朋友们一起分享。

QuitNow菜单第七项是"设置"，也是为戒烟的"学习者"提供的帮助窗口，包括如何与该App的作者联系，发表对这款App的评论，以及该App的版本信息、重置信息及放弃戒烟计划等。

除了这7项菜单，QuitNow还有一个非常好的功能，即它会发布一些关于戒烟的图片，如图1-1（d）所示。通过这些图片，可增强你对吸烟的厌恶情绪，不断加深你对吸烟危害的理解和认识。

笔者写到这里，这个还在进行中的戒烟故事算是讲完了，这款戒烟App的介绍也完成了。读者也许会觉得莫名其妙，这和在线学习有什么关系呢？

笔者的体会是，用 QuitNow 戒烟不仅加深了笔者对学习、学习理论的理解和认识，还对学习理论于在线学习和移动学习中的应用有了更深刻的感悟。

众所周知，如果我们依照学习内容对学习进行分类，可以简单地把学习分为知识的学习、技能的习得、行为规范的养成等。那么，戒烟本身就是一个复杂的学习活动，甚至我们可以说，戒烟不仅包括知识的学习，也包括技能的习得，还包括行为规范的养成。

但是，在有关吸烟的知识方面，其实每个烟民都存在一种认知冲突。也就是说，大多数烟民了解吸烟的危害，但无法摆脱对尼古丁的生理依赖和心理依赖。所以，戒烟本身作为一种学习活动，应该说更主要的是良好行为规范的养成过程。

回到 QuitNow 这款 App。它之所以能帮助笔者戒烟，其中很重要的一个原因就在于它的这种基于行为主义学习理论的设计理念。

在线学习优势之谈

那么对于学习者来说，在线学习有哪些优势呢？

1. 你学或者不学，课程就在那里

自 2001 年美国麻省理工学院正式宣布启动开放课程计划以来，开放教育资源运动风起云涌，世界范围内许许多多的著名高校纷纷推出在线课程。2010 年，网易整理了无数志愿者和字幕小组翻译的世界名校公开课视频，推出了网易公开课；同年，新浪、腾讯、搜狐、优酷等一系列互联网公司，推出带有中文字幕的世界名校公开课视频。2011年，中国大学视频公开课首批 20 门课上线，后续课程也在陆续推出之中。由哈佛大学和麻省理工学院合办的非营利组织 edX，目前已经吸引了加州大学伯克利分校等 16 所世界名校加盟，成为"X 大学"（X Universities）。塞巴斯蒂安·特伦（Sebastian Thrun）、大卫·史蒂文斯

（David Stavens）和迈克·索科尔斯基（Mike Sokolsk）合办的 Udacity（优达学城），斯坦福大学两名计算机科学家达芙妮·科勒（Daphne Koller）和安德鲁·吴恩达（Andrew Ng）创办的 Coursera（课程的时代）等，都已经成为开放教育资源运动和大规模开放在线课程（MOOCs）的主力军。80 后挪威小伙子侯爽和朋友们创立的同伴对同伴大学（P2PU），90 后山东小伙孙颖超和解品喜创办的家里蹲大学，等等。这些创新实践使得每个人上大学不再是梦想。但是，这种学习不仅仅是为了获得一个文凭和学位。

网络技术仿佛把每个人带到了一个教育资源和在线课程的大同世界。现在我们中的任何人，都可以向其他人学习想要学习的东西。

你学或者不学，世界名校的开放课程就在那里，与日俱增！

2. 你来或者不来，社群就在那里

其实，网络带给人们的，不仅仅是数不胜数的优质教育资源，还有人与人之间的跨时空交流与协作。基于网络的实践社群的迅猛发展，为身处不同国度的人们进行远程交流与协作创造了可能性。

由 Steve Hargadon 创建的 Classroom 2.0 是一个基于 Ning 的教师社群，它包括各种工具，有讨论区、blog、Wiki、群组、视频共享、照片共享等。它主要专注于把网络技术（特别是 Web 2.0）实际应用到教室建设和教师专业发展中。经由 Classroom 2.0 所组织的丰富多彩的线上线下活动，任何对应用技术变革课堂感兴趣的人，都可以与来自世界各地的教育工作者并肩作战，切磋交流。

也许你觉得语言障碍会是个大问题，那么，你可以访问天河部落、海盐教师博客群，或者苏州学习共同体。诞生于 2005 年 2 月 23 日的天河部落，是一个基于 blog 技术的教学研究平台，是一条联结同人、教师、学生、家庭、社会的绿色通道。

"篱笆桩"教师专业发展社区也是一个不错的选择。它利用 Web 2.0 技术为异地教师实现同伴互助提供了网络交流的平台。不同地区的教师们可以在这里齐聚一堂，共同分享与交流教学中的宝贵经验，从而在教师专业化发展道路上携手同行。

你来或者不来，社群就在那里。无数来自世界各地的良师益友将对你不离不弃！

3. 你用或者不用，工具就在那里

网络为教师的日常工作、学习和自身专业发展提供了大量优质资源、社群和工具，这些工具不仅能减轻教师的劳动量，更能提升教师劳动的创造性。

各种各样的工具，可以帮助教师管理课程、时间与资源。Google 日历可以成为你的贴身小秘书，它不仅可以协助你管理自己的时间和事务，而且会以手机短信的形式提醒你，你再也不用担心忘记一些重要事项。鲜果（于 2014 年 12 月 12 日关闭）和抓虾（于 2015 年 8 月 20 日关闭）这两款 RSS 在线阅读订阅站点，能把你喜欢的在线网址保存起来，随时随地供你选用，还会通过这些网址让你找到志同道合的朋友。开源的 OpenOffice 和 Moodle、新浪和腾讯微博、VoiceThread、NoRedInk、MindMap 等工具数不胜数。这些工具都能使你的学习与工作事半功倍。尤其是随着智能手机和平板电脑的移动终端的日益普及，数以百万计的 App，犹如插在移动终端上的翅膀，让你在如今这一开放教育的世界中展翅翱翔。

你用或者不用，工具就在那里，与日俱增！

在线学习，万事俱备，只欠"诚"字

可是，有了免费的课程、专业发展实战社群、海量的工具，学习就自然而然地发生了吗？基于网络的教师专业发展，似乎已经是万事俱备，目前缺少的是什么呢？

第一，学习的内驱力。没有学习的动力，没有专业发展的自身需求，再多优秀的免费课程、再好的社群及工具，都会无济于事。

写到这里，回头再看看此节的标题——在线学习，非诚勿扰。其实，笔者想说的是，在线学习，只要你乐意，就可以借助网络的力量，学习你想学习的东西。因此，学习的内驱力是前提。

第二，开放心态和奉献精神。开放和共享是互联网的精神，也是在线学习的精髓之一。只有保持开放、虚心的心态，我们才会被他人所接纳，他人才乐意与我们分享自己的想法。同样，只有具有奉献精神，开放教育资源运动势头才会持续扩张。人们也因此常说，在互联网上，越是慷慨的人，收获会越多。

第三，在线参与式的学习方法。若只有美好的愿景也无济于事，我们必须掌握在线参与式的学习方法。怎样通过搜索引擎自主解决问题？如何在线提问？怎样和别人在线互动？如何参与远程学习？所有这些，其实都是专门的学问，是新潮的学问，也是目前教科书和教师培训中往往无法提供的学问。

柯蒂斯·J.邦克教授曾说过："我们所有人都要学习，而且这种学习能够在我们所选择的任何时候和任何地方发生。在飞机上、在火车上、在船舱里、在登上山顶时、在教室里，我们都能学习。无论我们身处何处，网络为我们每个人都提供了学习的机会。今天，我们已经成功地将学习推到了人性的极致。"

在线学习，非诚勿扰！

1.4 移动学习理论：克拉克·奎因的 4C 模型

4C 模型交代了移动学习课程设计的两个方面，一方面是移动学习系统的功能分析，另一方面是移动学习应用的三种具体场景。

目前，克拉克·奎因的 4C 模型是最受欢迎的移动学习理论之一。在谈 4C 模型之前,我们有必要了解一下 4C 模型的提出者——克拉克·奎因。

克拉克·奎因简介

克拉克·奎因博士被称为"移动学习之父",是著名的学习技术策略专家,曾帮助企业运用信息系统来满足知识学习和绩效提升的实际需求,他采用的主要途径是学习经验设计。除此之外,他曾为许多财富 500 强企业、教育机构、政府部门及非营利组织提供应对策略和解决方案。

克拉克·奎因博士早年修读了计算机辅助教育,后在一家名为 DesignWare 的企业担任基于计算机的教育游戏设计师,之后又重新回到加利福尼亚大学圣迭戈分校(University of California, San Diego, UCSD)攻读应用认知科学博士学位,此后相继在圣迭戈州立大学数学与科学教育研究中心,以及匹兹堡大学学习研究与开发中心从事研究工作。他也曾在澳大利亚新南威尔士大学任教 7 年。在这 7 年的时间里,他一方面教授交互设计课程,一方面从事参与式、有效的、交互式学习环境设计的相关研究。

截至 2019 年,克拉克·奎因博士涉足教育技术学领域的设计、开发、应用与评价的相关研究与实践工作已近 40 年,有着丰富的实践经验。他经常会在许多关于企业学习、绩效技术、计算机辅助教育、在线教育、移动学习等领域的国内、国际重要学术会议上发表演讲。他拥有计算机辅助教育、游戏设计、认知科学、绩效技术等领域的良好教育背景,这些教育背景为他事业的发展奠定了坚实的基础。

克拉克·奎因博士的著作并不多,主要有《移动学习设计:为组织绩效而开发移动学习》(Designing mLearning: Tapping into the Mobile Revolution for Organizational Performance,2011)和《参与式学习:设计数字化学习模拟游戏》(Engaging Learning: Designing e-Learning

Simulation Games，2011）两本著作。

克拉克·奎因博士还经营着个人网站，名叫 Quinnovation。克拉克·奎因将自己的名字"Quinn"和另外一个英文"innovation（创新）"结合起来形成一个自造词，将其作为自己网站的名称。从此，克拉克·奎因博士便借这个网站向全世界传播自己的思想和智慧。

克拉克·奎因移动学习的 4C 模型

今天，我们经常提及的绝大多数学习理论都可以说于在线学习与移动学习研究风靡全球之前就被提出来了。但这些理论大都是对非技术环境下的学习进行研究后提出的，因此，它们对于在线学习和移动学习的解释力度非常有限。

但是，最近几年我们一直在探讨：移动终端究竟应该如何应用于企业绩效培训和学校教育场景中。类似这样的移动学习研究也在如火如荼地展开。其中，克拉克·奎因的 4C 模型，可以说是最受企业界欢迎的移动学习理论之一。

2010 年 2 月，克拉克·奎因提出了 4C 模型（见图 1-2），该模型很好地解释了在移动学习过程中，移动终端和移动技术所发挥的 4 种功能，也可以说是移动学习系统发挥的 4 种功能。这里的 4C 分别代表：内容（content）、计算（compute）、获取（capture）及沟通（communicate）。

内容（content）：是指在移动学习过程中为学习者所提供的媒体（如文档、音频、视频等）。

计算（compute）：是指从学习者那里获得数据并对这些数据进行加工。

获取（capture）：是指采集和获取来自摄像头和 GPS 之类传感器上的数据，之后一并将其保存起来，以便分享或反思时使用。

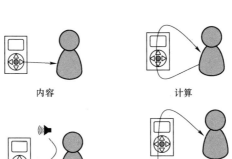

内容　　　　　　　计算

获取　　　　　　　沟通

图 1-2　克拉克·奎因的 4C 模型

沟通（communicate）：是指学习者与其他学习者或教员进行交流。

具体地说，克拉克·奎因博士所提出的 4C 模型，大体可以理解为对一个移动学习系统的功能描述。他所说的"内容（content）"可以看作一个移动学习系统所提供的教学材料和课程内容，它们由课程开发人员设计，经由云端发送到学习者的移动终端，再被学习者"接收"；"计算（compute）"其实就是人机互动，这个时候，移动终端乃至移动学习系统，相当于一个加工处理器，对来自学习者的信息和数据进行加工；"获取（capture）"是将学习者的移动终端作为一个信息捕捉器，摄像头、GPS 之类的传感器采集到学生的学习数据之后，移动学习系统将其保存，以供学习者后续分享和反思；"沟通（communicate）"才是手机等移动终端的本源功能，学习者可以使用手机等移动终端与学习同伴或教员进行即时的交流。

这样，克拉克·奎因博士所提出的 4C 模型，便清楚地说明了移动学习系统具有的 4 个功能，即内容、计算、获取及沟通。

但是，克拉克·奎因博士并没有止步于此，他还具体分析了在企业学习、学校教育及元学习 3 种不同情境中，如何利用 4C 模型设计移动学习课程（见表 1-1）。

表1-1 4C模型应用于3种情境中的移动学习课程设计

4C	情境		
	企业学习（绩效支持）	学校教育（正规学习）	元学习
内容（content）	岗位协助、示范演示	简介、概念、范例	学习指导、路径获取
计算（compute）	表单、决策树、计算器	练习、模拟、测试	交互学习指导
获取（capture）	情境获取	绩效获取、表征	学习路径、过程
沟通（communicate）	专家、同伴	导师、同伴	学习导师、协作者

从表1-1中不难看出，在不同情境中，设有满足不同任务需求的移动学习课程。也就是说，课程设计与开发人员应当结合具体情境，依据不同的移动学习系统功能特色设计和开发移动学习课程。

克拉克·奎因4C模型的启示

就笔者的理解，当前移动学习应用在诸多领域迅猛发展，相对而言，移动学习最先为基础教育和高等教育界所接受，更多的实践和研究出现在基础教育校外学习和高等教育领域里。但最近几年，企业移动学习实践应用和理论研究在整个移动学习中的份额逐年增加。学校情境中的一对一数字化学习（基于电子书包开展的学习）、企业/机构与学校中的自带设备（bring your own device，BYOD）办公与学习，随时随地可以发生的非正式学习，这三者共同为当前移动学习应用与研究绘出了一道亮丽的风景线。而克拉克·奎因的4C模型，可以说是在移动学习理论中不断积极探索的"果实"之一。

仔细想来，克拉克·奎因的4C模型，通过上述的一图一表（图1-2、表1-1），大体上交代了移动学习课程设计的两个方面，一方面是移动学习系统的功能分析，另一方面是移动学习应用的3种具体场景。这个模型虽然还稍显简单，操作性不强，但总体来说已能交代移动学习系统及其应用存在的问题，对于当前的移动学习系统与课程的开发具有重要的指导意义。

1.5 移动学习的原则

一种真正的、沉浸式的移动学习环境的价值则远远超越了学习工具,当每个移动学习者进入深度学习时,学习环境便成了由每个学习者个体赋予价值的生命体和社群。

移动学习是关乎自我驱动的个性化过程。随着学习实践与技术工具的变迁,移动学习本身也将持续不断地演变。但无论如何演变,其依然要遵循一定的原则。

移动学习的 12 个原则

笔者曾在 TeachThought 上读过 Terry Heick 写的一篇文章——移动学习的 12 个原则(12 principles of mobile learning)。读来觉得很有意思,也引发了笔者的诸多思考。

移动终端、App 及宽带网络接入之类的技术,正在加速移动学习的转变。但是,一种真正的、沉浸式的移动学习环境的价值则远远超越了学习工具,当每个移动学习者进入深度学习时,学习环境便成了由每个学习者个体赋予价值的生命体和社群。只有在这样的社群中,每一个学习者在自然情境下的学习才会发挥得淋漓尽致。除此之外,在这样的社群中,本地的和数字化的学习资源、学习者对知识的需求也会应运而生,知识增量不断累积叠加,进步自然而然发生,每一个学习者作为一种个体,多种元素交织在一起,描绘出了一幅移动学习的全景图。

1. 获取(access)

一个移动学习环境是基于对内容、同伴、专家、档案袋作品和其他资源,以及与某话题相关思考、设计、开发而获取的。这种获得可以通过智能手机、平板电脑、笔记本电脑或者询问他人，但是当获取这些信息变成常态时，它反过来就会变成每一个学习者肩膀上的重担。

移动终端的获取功能是移动学习中最重要的功能。在电子书包教学应用、一对一数字化学习及混合学习场景中，学生可以通过移动终端的拍照、摄像、录音等功能，采集和获取学习的过程性资源。

2. 评量（metrics）

当移动学习作为一种数字和物理的混合方式时，对于理解的不同量规（如测量）和知识绩效的不同评鉴与衡量就变成可能和可行的了。

同样在电子书包教学应用、一对一数字化学习及混合学习场景中，移动终端常常被老师和学生作为互动与应答的工具，在课堂教学的形成性评价中加以应用，可帮助教师迅速了解学生的学习情况，快速对教学进程作出动态决策，增强课堂教学的趣味性。

3. 云端（cloud）

正是云，才使得"智慧的"移动学习成为一种可能。一旦能获得云端资源，所有的数据资源就能随时为学习者所获得和使用。也正是因为云，学习者可以获得以前无法获得的那些资源，实施以前根本无法实施的修正形式和协作模式。这些在100年以前不敢想象的事情，今天都可以在云端实现。

4. 透明（transparent）

透明是连通性、移动性和协作性的自然属性。当规划、思考、展示和反思既是移动的，又是数字化的时候，它们就在本地社群和全球社群中，通过Twitter、Facebook、QQ、微博、微信、抖音之类的社交性媒介平台获得一类即时听众。

没有移动终端，新媒体和社会性网络就难以得到快速迅猛的发展。而移动终端、新媒体及社会性网络的渠道，使信息的传播变得异常便捷。

5. 游戏（play）

游戏是真实的、渐进性学习的主要特征之一，在一个移动学习环境中，当学习者遇到一个动态的，通常也是未曾预料的数据、领域、协作者时，他会改变学习的基调：从一种学术性的学习转变为一种个性化和有趣的学习。

6. 非同步（asynchronous）

在移动学习的所有原则中，最具有效力和威力的原则就是非同步学习。它既为学习者打开了一个在不同学校间学习的教育环境，也允许学习随时随地发生，还能使学习经验愈发个性化：即时（just in time），按需获取（just enough），为我定制（just for me）。

7. 自我实施（self-actuated）

通过非同步获取学习内容、同伴及专家，可使学习者的自我实施和自我调节的潜力得到充分发挥。在这里，学习者可以规划自己的课题、学习顺序，向作为专家资源的教师学习，以及开展自我激励的学习。

8. 多样性（diverse）

移动性导致了多样性。由于学习环境的变化是经常性的，因此，流动性便成为一种常态，听众和学习者是多种多样的，环境和学习的场景也是千变万化的。这就为思维的修正和应用提供了新观点、前所未有的挑战，以及无限可能的机会。

9. 策展（curation）

App 和移动终端不仅可以支持内容策展，激励学生开展移动学习，而且还能极大地激励教师。通过教师合理的教学设计，这些技术被应用于学习者，学习者借助其存储文件，发布新主题，联系其他学习者，从而使策展成为一种过程，而非一种能力。

10. 混合（blending）

一个移动学习环境代表了物理移动（physical movement）、个人通信（personal communication）及数字交互（digital interaction）三者的混合。就教育教学而言，把面对面的教学和借助网络的在线教学二者结合起来的混合学习，可以说是从基础教育到高等教育，再到职业技术教育领域最重要的教育教学变革和发展的趋势。

因为移动终端的普及和全球互联网的迅猛发展，所以数字时代使每个人在自己所处的三个不同的空间和环境（物理环境、数字环境及虚拟环境）之中的穿梭和迁移变得可能。

11. 永远在线（always-on）

永远在线式的学习（always-on learning）是一种自我导向、实时、重复和递归式的学习。通过移动终端，学习者始终都有获取信息、认知反思、相互依存的需求。这些需求通常会被嵌入到移动学习社群中，因为它本身就具有与学习者天然交互的能力。

12. 真实性（authentic）

对移动学习来说，前述的 11 个原则也就派生出一个真实性原则，这种真实性在教室里是不可能被复制的。最终，它们也都转化为真正的、个性化的经验。

移动学习即是使用各种移动设备去随时随地学习自己想要学习的任何知识，我们可以使用手机边走边学，也可以使用平板电脑在家学习。这样，学习时间与学习地点的自由度不断被扩大。为学生提供学习便利的同时，难免对教师和学生的要求会更高，因此遵循移动学习的 12 个原则显得尤为重要。

第 2 章
移动学习设备篇

2.1 电子书包和一对一数字化学习

厚重的纸介质教材将成为历史吗？
纸介质课本的时代会过去吗？
电子书包真的会取代纸介质课本吗？

在过去的十多年时间里，国内许多地方的学校都在积极推动电子书包项目，而这些电子书包项目，具体地说就是给予教师和学生每人一个平板电脑或笔记本电脑。其实，"电子书包"这个概念大体上相当于国外的"一对一数字化学习"，即让每个学生拥有一台移动终端的新型教与学的方式。而这个移动终端通常是笔记本电脑、平板电脑。从世界范围来看，电子书包进入课堂已是大势所趋。

面对教育行政部门、产业界和教育技术领域的热捧，一线教师、家长、学生和其他关心电子书包的人士对其褒贬不一。从技术和应用层面来说，电子书包带来的是一场深远的学习革命。在这个传统出版商、网络运营商、终端硬件商、数字内容平台等各方势力都参与的市场角逐中，在很多人为其背后利益狂欢的声音中，在技术迷们的憧憬、大胆尝试和乐观情绪中，我们不得不理性地思考，电子书包是否是一块好画却不易吃的大饼？它是否已经到了大面积推广的时机？在课堂中，电子书包对学生和教师的行为会提出哪些挑战？需要教师和学生作出哪些改变？其应用的模式、利弊、方法究竟是怎样的？归根结底，我们究竟应该如何看待电子书包？

2012 年春季，笔者应邀访问瑞典的两所大学，在这两所大学里开展合作研究。其间，笔者利用一些机会走访了当地的教育行政部门和六所中小学，对电子书包项目的实施情况进行考察。在过去几年里，笔者观摩和参观了不少这样的学校。观摩的学校越多，笔者越感觉这些电子书包项目是非常滑稽的。因为这些参与电子书包项目的绝大多数学校是禁止学生将平板电脑带出教室的，也不允许学生自行安装 App，甚至不允许学生访问互联网。这实在是一件令人感到遗憾的事情。仔细想想看，所谓的平板电脑，实质上就是一个比手机更大一些的移动终端。

电子书包是"香饽饽"吗？

厚重的纸介质教材将成为历史吗？纸介质课本的时代会过去吗？电子书包真的会取代纸介质课本吗？

从 2009 年的汉王与英特尔携手向中小学推出电子书包至今，数百家电教产品厂商跻身"电子书包"项目。从 2011 年初起，上海电信和虹口区教育局、硬件制造商、软件开发商、内容提供商共同合作推进了一种数字化学习方案——"电子书包"项目，其试点覆盖了虹口区从幼儿园至高中的 8 所试点学校，涉及 760 余名学生。一夜之间，电子书包不仅从一个模糊的概念变成了炙手可热的"香饽饽"，而且已经成了数字出版和教育技术等领域、不少教育行政部门领导和校长最关注的热门话题之一。

究竟什么是电子书包？目前的说法很多。

福州某网友曾在新浪微博上这样说:"电子书包是一套针对中小学设计的电子化教学辅助平台系统,其可以笔记本电脑、智能手机和平板电脑等终端为载体,来查看视频、网页等。且通过它,老师能够布置、批改电子作业并在线答疑;学生能够进行在线学习、测评、提交作业;家长可以借助网络通过其终端即时了解到孩子的学习情况。"

面对教育行政部门、产业界和教育技术领域的热捧,我们仍然应该保持理性而清醒的头脑。从技术和应用层面来说,电子书包对学生来说,带来的的确是一场深远的学习革命。比如,课前,学生可以利用电子书包自学微课;课中,学生可以利用电子书包拍照上传、展示分享学习成果;课后,学生可以利用电子书包进行交流讨论。但是这样的话,电子书包教学对教师来说,何尝不是一个挑战?课前,教师如何围绕学生的自学情况进行学情诊断?课中,教师如何利用学生测验的数据调整教学?课后,教师如何组织学生仍然保持学习交流的热情?归根结底,我们究竟应该如何看待电子书包?

某网友说道:"小学已有试点开展电子书包进课堂活动,没有书本只有屏幕,这是连孩子最后一点包书皮、在书上画人物角色的乐趣也剥夺了,我们作为家长真觉得无耐和痛心啊!"

有网友说道:"说实话,我并不看好在中国当前的教育教学环境下推广电子书包。一个出发点是,一切技术手段的更新都应服务于教师的教和学生的学,而现在却往往本末倒置,老师们为了用新技术而刻意地改变教学,被新技术牵着鼻子走。电子课本恐怕也难逃此命运,无异于走秀。"

时代出版传媒股份有限公司孙立曾说,最近微博上很多人在谈论电子书包,个人认为在中国电子书包的发展之路还很长,地方经济发展不均衡导致学校师资等综合实力千差万别。而电子书包得以实施的核心是必须"政府认可,政府买单",从中考、高考、考研到公务员考试,考才是教育的核心,因此,电子书包首先应解决考试问题,后面才谈得到替代掉学生的书包。

蔡老师 V 说道:"如果认为电子书包只是用来减轻学生肩膀上的负担,那我们就该考虑考虑电子书包的意义何在了,电子书包不只是代替课本来展现知识,更重要的是要将其融入学校的教与学的互动活动中,要提高学生的学习效能,提升教师的教学效能。这才是电子书包的真正使命。"

少有斗智说道:"电子书包有太多应用模式,太多优点,可是,考虑一个产品或解决方案,更需要考虑其可操作性。对新技术与新应用,切忌像招商证券分析师那样,习惯性乐观。"

maybezhb 说道:"电子书包项目到底想要达到什么样的目的?不清楚啊!讨论了半天,定下编写思路。我领到的任务是编写 sample 中的检测部分。总还是对该项目不得要领。这项要推广的新的教学模式是否已经有推广的基础了呢?还是问题连连。感觉世人都变得焦躁异常,有个目标,无论明否,就奔向而去。而我又何尝不是如此呢?"

家校新干线曾泽华说道:"对于电子书包的应用,现在大家都很迷茫。我觉得国家不应该再仅仅盯着硬件的投入,更多的应该关注教师的培训,以及评价机制的创新,否则这些技术会在很长时间内是摆设。另外,很多学校主管信息技术推广和应用的工作都是由计算机/信息技术教师承担,在不少学校,信息技术教师在学习地位上又是最低的,所以很多技术根本没有机会或有很少的机会应用于其他学科教学中,路漫漫!"

pommeying 说道:"什么电子书包啊?晕,就会搞些不切实际的,折腾小朋友,折腾家长!"

某网友将中美电子书包教学实践进行比较后,谈道:"在发展电子书包的问题上,美国是由高等学校自主开展进行试点,然后美国教育部再根据情况颁布相应的规范制度;而我国是由政府部门主导,学校较被动地接受。采用自上而下和自下而上两种发展策略,到底哪

指尖上的学习——移动学习理论与应用

种更优？"

虾眼看世界谈道:"有人靠'书包'赚钱,有人靠电子书赚钱。我觉得电子书包的核心是给我们的后代一种新的学习介质,以及围绕新介质提供新的学习方式、方法。请把贪婪的眼睛从'书包'上移开。"

萝卜卿卿谈道:"学生电子书包,以后近视眼不但会更多,而且字也要不会写了。"

凡蓬蓬这样说:"不去规范教育体制,却搞什么电子书包,没发现'小四眼'越来越多啦?当务之急应该关闭各类机构,并且杜绝考证现象,真是看不懂这个电子书包有什么实质性的意义,无聊!肯定又肥了哪个商家。"

当然,这里辑录的微博言论,只是不同人士站在不同的立场上就电子书包发表的评论,这些评论未必全面系统,但是,这些观点至少可以从不同的方面为电子书包的发展敲响警钟。

中文在线董事长兼总裁童之磊对电子书包的前景充满了信心。在童之磊看来,目前电子书包领域中最大的障碍仍然在于观念问题,电子书包不只是一个产品,而是一种对教学方式的革新。要想让包括广大教师在内的相关各方接受电子书包,肯定不是一件简单的事情。

电子书包、移动学习和无线设备将为人们开放全新的学习环境,创造出更多学习的可能性。它们允许我们远离老师和同学,同时又让我们在网络空间中与他们保持密切的联系。电子书包最终将动摇我们传统的学习环境与课堂文化的地位,引领我们步入新一代学习工具与学习环境的通道。

一节平板电脑课堂引发的深思

2017年9月9日上午,在四川金堂县金堂中学外国语实验学校,成都市树德实验中学李瑶老师应邀执教了一节观摩课。这节课内容是七年级第二学期《生物》第11章——人体代谢废物的排出,第二节——

尿液的形成与排出。这节观摩课的教学环境是安卓平板电脑、3D Body软件、学创智慧教育系统、简易教学材料、学案、微课等。

首先，李瑶老师组织了复习环节，回顾上一节课所讲授的"代谢废物的种类与排出途径"，引出新授课程的主题——泌尿系统的组成，让学生通过平板电脑上的 3D Body，纸介质课本上第 60～61 页的内容，以及教师向学生发放的学案，来观察和学习泌尿系统的组成，并让学生动手拼图、了解泌尿系统的结构，包括结构的名称、作用和位置拼接等。

向全体学生用屏幕广播了个别同学的拼图情况后，接着，李老师在大屏幕上呈现了肾脏的三维图，让学生观察肾脏的位置和形态，其中屏幕广播是教学系统的一个功能，即教师按下屏幕广播按钮之后，学生计算机端可以看到教师计算机端的屏幕，且学生不能进行任何计算机操作。

之后，李老师给每个小组的同学提供了简易的教具，让学生以小组为单位，在观看纸介质的泌尿系统结构平面图，以及借助平板电脑观察泌尿系统立体结构的基础上，动手制作肾单位，从而更加深入和直观地认识与理解泌尿系统的结构。最后，李老师对课程进行了总结，完成了全部教学任务。

整个课程设计精巧，目标达成度高，课程教学活动紧凑，学生参与度高，可谓是一次非常精彩的基于移动终端的一对一数字化教学课。

整个课堂观察的过程，也引发了笔者对将诸如平板电脑等的移动终端运用于中小学生学习中的一些思考。笔者把这些思考整理汇总，归纳为以下 4 个方面。

思考 1：媒介选取和活动设计是教学设计的基础

在日常的教学过程中，每一位教师其实都有很多的选择，我们可以选择不同的媒介来组织和开展教学。以泌尿系统的组成这节课程为例，教师可以选择示意图、3D 模型（拼接）、标本等。每一种媒介各自有什么优缺点，如何在教学中恰当使用？这实在是一大挑战！在这节课中，李老师在大屏幕上展示了示意图，结构示意图清晰明确；3D拼接，使得学生对泌尿系统的结构组织更加清晰；肾单位的制作，让学生动手，将平面图变成立体结构图，进而将结构组织内化于心。总之，从示意图，到三维拼接，再到动手制作，教学活动设计独具匠心，教学组织层层推进，精彩纷呈。

思考 2：要充分思考平板电脑在学生学习中的作用

在一对一数字化教学实践中，如果我们不清楚平板电脑对学生学习的作用，就很难恰当地使用平板电脑开展教学。

笔者曾在一些场合，提出了一对一数字化教学的 5C 模型，也就是说，可以把平板电脑的功能概括为 5 个 C，即 content，communicate，compute，collaborate，create。

（1）content：传递内容。教师可以借助平板电脑之类的移动终端向学生呈现教学内容，如电子书、电子学案、教学视频等。

（2）communicate：传播沟通。比如，教师可以通过平板电脑向学生分享信息，学生也可通过计算机终端向教师递交作业、参与课堂讨论等。

（3）compute：计算和运算。比如，学生可以运用 3D Body 完成拼图，在课堂中进行计算和运算，并以可视化的形式呈现出来。

（4）collaborate：协作与合作。比如，学生可以利用平板电脑及上述的一些类似 Wiki 之类的技术，开展小组合作和协作学习。

（5）create：创作与策展。学生可以利用相关的创作软件，进行创作活动，平板电脑变成了一个创作的工具和内容策展的工具。

思考 3：用平板电脑变革教学业务流程

用平板电脑开展智慧教育，即一对一数字化教学，其实质并不是简简单单地把平板电脑交给教师和学生就万事大吉了。实际上，这个项目本身是利用平板电脑对整个教学业务流程进行再造。所谓再造，就是再创造。为此,教师、学生及学校会面临许许多多的挑战。比如,将平板电脑带入教室的课堂,学生是否有自控力,不使用平板电脑浏览学习之外的信息?学生的所有行囊是否可以再减少一些?可是,据笔者目前观察到的使用平板电脑进行教学的情况大概是这样的:课本依旧是纸介质的课本,学案仍然是纸介质的学案,书包还是那个书包,原来的东西一件没少,新的东西(平板电脑、耳机)塞进了旧书包。显然,这样的应用是叠加,距离理想的再创造,还是有一定距离的。

"纸上习作、拍照上传、教师点评"是笔者观察到的几乎所有的一对一数字化学习中最常见的教学活动形式。我们当然完全可以把纸介质教材装进平板,让平板电脑成为电子书包;我们可以分发给学生电子学案,而不是纸介质学案;如果我们可以让学生在平板电脑上完成习作和作业,彻底抛弃纸介质作业本……如果这一切流程改变了,那么,学生的书包想必才真的会变轻。

诚然,教育信息化是一个实践的过程,也是一个渐进的过程。逐步放弃纸介质,减轻书包的重量,提升课堂的效率是我们所有的教育研究人员、一线教师、教育信息化企业共同奋斗的目标。在这方面,学创教育科技有限公司已经进行了不少大胆的尝试。希望更多的教育研究人员、一线教师和教育信息化企业,共同努力,提倡、鼓励、引导教师和学生,减少对纸张的习惯性依赖。

教学业务流程的再造是一个世界性的难题,也是一个艰巨的课题。笔者一直在想,借助平板电脑之类的移动终端,常规教学需要如何重新设计和塑造,可以用"整体前移"来描述(见图2-1)。在课堂教学中,让学生戴耳机各自看微课,与全班同学在大屏幕上一起看,差别究竟是什么?也值得我们进一步思考和研究。

思考4:一对一数字化学习是一个系统工程

在学校和地区开展智慧教育,学校的诸多元素需要做出系统的改变。教学常规、学习空间、教师素质、评价体系等,都需要进行重新

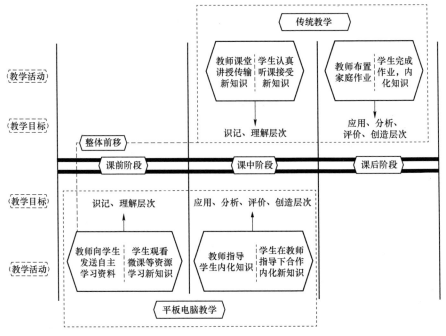

图 2-1 教学业务流程再造

设置,学校需要系统地规划和设计。缺乏顶层设计的学校一对一数字化学习项目,无论采购了多么好的平板电脑之类的移动终端,无论引进了多么优秀的教学系统,都很可能难以取得预期的良好效果。毕竟,这是一个系统、渐进地改变人们习惯的过程。面对诸多的困难和挑战是必然的,而在所有的挑战中,教师队伍才是重中之重。

但是,无论面临多大的困难和挑战,只要方向是对的,我们都应该矢志不渝,一点点地走下去。因为,这世界的改变,不是少数人做了很多,而是每个人,每一所学校,每一位教师,每一个企业,都做了一点点。

今天,随着技术的进步,国内外越来越多的学校正在积极开展基于平板电脑之类的移动终端的教学改革和探索,并取得了诸多的成绩,但同时也面临着很多的挑战和困境。过去几年里,我们的团队聚焦于平板电脑教学法的相关研究,总结出了平板电脑用于教学中的三条困境与出路。

平板电脑教学的困境与出路

就目前在中小学开展平板电脑教学的情况，笔者将其困境总结为以下 3 个方面。

困境 1：鲜有专门性的教学法的指导。

困境 2：缺少成熟的范例和最佳实践。

困境 3：非显著性差异（non-significant difference，NSD）的困境。

第一个困境，在笔者看来，这恐怕是最大的困境了。因为，对于国内外的平板电脑教学来说，它是一个实践先行的领域，教学法方面的研究还非常薄弱，在世界范围内也是如此。毕竟，我们不能用非数字时代所形成的教育理论、教学策略和教学方法来指导数字时代的教学。

第二个困境，对许多一线的教师来说，要开展基于平板电脑的教学，他们都迫切需要成熟的范例和最佳实践来参考和借鉴。而目前所见的公开课和示范课，大多是零散的、不系统的。教师们可加以借鉴的成熟范例和最佳实践匮乏，使得许多学校参与平板电脑教学项目的新教师无所适从。

第三个困境，非显著性差异（NSD）是比较突出、具有较大代表性的困境。不少学校开展平板电脑教学，或者是基于微课的翻转课堂教学模式的改革，结果大多数学校陷入了教育技术学历史上"非显著性差异现象（non-significant difference phenomenon，NSDP）"的旧辙。不少地方教育行政部门和学校，没有办法拿出可信、可靠的证据来证明基于平板电脑的教学取得了更优的教育教学绩效。

至于平板电脑教学的出路，笔者给出 3 个观点。

出路 1：把教师专业发展放在优先地位。

这是解决问题的关键一步，也是几乎每个人都知道和理解的出路，而事实上落实和执行得并不好。如果学校不能调动教师创造的积极性，那么，学校的变革之路就会变成昙花一现。

出路 2：深化 Padagogy Wheel 的研究。

这是我们团队在过去几年里与国际上许多专家合作开展的重要研究方向之一。本书第 6 章将对 Padagogy Wheel 进行详细讨论。技术进入学校，引发学校的变革，归根结底，是要通过学生和教师，借助教学法，即数字时代学习和教学的新方法，来实现教育教学的变革。

出路 3：系统思考、全局设计、深化变革。

在过去几十年，在世界许多地方，在国内很多学校，在教育信息化推进实践中，很多学校都做了局部调整，虽然实践的花样不断翻新，但结果却不尽人意。记得两位瑞典朋友这样说过："教育中的变革，说起来容易，做起来难，持续的变革更是难上加难。"而所有的难点，就在于我们缺乏系统思考和全局设计。

人们在经历将电子书包应用到教学中的实践时，必定体会到其中的艰辛，但仍需理性地面对从可能性到现实之间的漫长而曲折的过程。因为，关于电子书包的教学应用进程探索，摆在业界、学术界和教育界面前还有较长的一段路要走。盲目乐观或悲观不仅是不可取的，而且是危险的。笔者个人的看法是：积极试点、加快研究、慎重推进。

关于电子书包项目的 20 句大实话

（1）"电子书包"这个名字有歧义，也容易产生歧义。"电子书包"更容易让人联想到"装电子书的书包"，更容易让人联想到移动终端。所以，笔者更倾向另外一个称谓：一对一数字化学习。

（2）既然大家都把这样的项目称为"电子书包"，而且似乎已经约定俗成了。因此，叫什么也就不重要了，重要的是它的内涵。此处想强调的是，"电子书包"项目就是"一对一数字化学习"项目。

（3）"电子书包"项目绝非将笔记本电脑、平板电脑之类的移动终端放到教室里，交给教师和孩子们就万事大吉了。将移动终端交给教师和学生，只是"电子书包"项目万里长征之第一步。

（4）在"电子书包"项目中，学校将移动终端交给教师和学生，教室里的教学业务流程，以及教与学的方式、方法也必须进行相应的改变。否则，由移动终端和一对一数字化学习所带来的教育生产力的预期收益将难以达到。

（5）"电子书包"项目的核心特征之一是移动性。如果将移动终端局限于教室里和课堂上，那么，这些移动终端也就仅仅是体积更小的台式机而已。这样的"电子书包"项目，和以前的计算机辅助教学似乎并没有多少差别。

（6）把移动终端局限于教室里和课堂上的"电子书包"项目，不可能是优秀的"电子书包"项目，甚至都不能称为一个真正的"电子书包"项目。真正的"电子书包"（一对一数字化学习）项目应该允许学生将移动终端带出教室，甚至带回家（当然也需要考虑其安全问题），这样就能使泛在学习成为可能。

（7）禁止学生使用手机的学校所推动的"电子书包"项目是比较搞笑的。因为现在的智能手机本身就是一个移动终端，它只不过比iPad"个子"更小一些罢了。

（8）丧失移动特性的"电子书包"教室就是一个计算机网络教室，它和我们大家所熟悉的计算机网络教室所不同的地方在于：用移动终端（轻便的笔记本电脑）替代了老式台式机，用无线网络取代了有线网络。

（9）从管理层面上看，许多地方的"电子书包"项目甚至还不如昔日的计算机网络教室，因为过去的计算机网络教室通常会有一个教学管理系统，教师可以方便地"点名""锁屏""屏幕广播"等。

（10）目前，绝大多数正在实施的"电子书包"项目普遍缺乏适应新型教学模式的教学管理系统。

指尖上的学习——移动学习理论与应用

（11）"电子书包"项目将移动终端置入教室，昔日以教师为中心的讲授式教学方法显然就难以适应这种新型的教学环境。至少在这样的教学环境中，以教师为中心的教学方法无法充分发挥移动终端的功用。

（12）适应于"电子书包"项目的教学法应包含"以学生为中心""混合学习""自主与协作学习""翻转课堂"等理念的教学方式与方法。

（13）不熟悉在线学习、自主学习、混合学习的教师，不可能在"电子书包"的教室里实施优质的教学。

（14）电子教材的开发（包括微课的设计与开发）、电子备课、在线研讨等技能是教师在使用"电子书包"组织教学时所需的基本功。

（15）笔者认同这样的说法：长时间使用"电子书包"（移动终端）对小学低年级学生的视力可能是有伤害的，学生的书写能力也有可能会下降。

（16）当前，教育信息化研究的最紧迫问题之一是研究与新技术相适应的"新教育学"。一对一数字化学习也好，电子书包、交互白板也罢，所有这些，只有将推广和应用建立在扎实的研究、实验基础之上，教育信息化才真正不会让人失望。

（17）目前国内"电子书包"的内容甚少。所谓的"电子书"，很多只是纸质教材的扫描，而真正全媒体电子书则相对较少。

（18）在笔者看来，"电子书包"或"一对一数字化学习"项目推广的最大障碍并非教学资源，而是学习行为、学习过程、学习方法与学习文化的建立。它们才是真正艰难的事情，它们才是推动"电子书包"项目实施的最大障碍。

（19）在课堂上，"电子书包"应该怎么应用？教师、学生的哪些行为会发生变化？哪些课程适合用"电子书包"教学？哪些课程却不大适合用"电子书包"教学？适用于"一对一数字化学习"的教学模式有哪些？笔者的建议是："电子书包"的研究亟待跟进。

（20）"电子书包"（一对一数字化学习）项目是有前景的。2012年2月底，在瑞典的290个行政区里，差不多有180个行政区的学校或多或少地、以某种形式参与了"一对一数字化学习"项目（也就是我们所说的"电子书包"项目），到3月底，也就是仅仅一个月之后，这个数字已经增长到200多个。目前，就中国的情况来看，推动"电子书包"项目的地区和学校一直在快速增长中。

《世界是平的》一书的作者托马斯·弗里德曼曾说过："单单引进技术是远远不够的，只有当新技术与新的做事情的方式方法结合起来的时候，生产力方面巨大的收益才会来临。""电子书包"进入课堂，必须同步变革的是教师教的方式方法和学生学的方式方法，它需要"新教育学"（iPadegogy）的支持。就目前来看，有关一对一数字化环境下的教与学的研究还非常匮乏。为此，在现阶段，笔者认为只能稳步推进，小范围试点。同时，相关部门也要加快"电子书包"的研究步伐。

关于决定孩子是否参与"电子书包"项目的建议

家长在决定孩子是否参加学校的"电子书包"项目时，应当如何决策？这里笔者给家长们提供以下建议，以供参考。

（1）在决定孩子是否参与"电子书包"项目之前，家长可以到已经开展"电子书包"项目的其他班级或学校听几节课。跟校长和教师聊一聊，了解"电子书包"是如何应用的。

（2）原则上，本身视力较差的孩子不建议参与"电子书包"项目。

（3）本身学习自制力较差的孩子不建议参与"电子书包"项目。

（4）准备不充分的"电子书包"项目，不建议参与。一些学校，徒有一腔热血和变革的热情，但缺乏充分的准备。在推进"电子书包"项目的过程中，家长是非常重要的因素之一，学校理应先跟家长解释清楚，什么是"电子书包"，为什么要推广"电子书包"，这样的项目有什么好处，有哪些不足。对于准备不充分的项目，可以暂缓参与。

（5）没有专家指导的"电子书包"项目，不建议参与。个别学校的"电子书包"项目，只是由企业推动，教育行政部门和校长主导，但没有扎实的研究和专家团队的指导作支持，这样的项目不建议参与。

（6）对教师培训不充分，甚至没有培训的"电子书包"项目，不建议参与。

（7）对于那些要求家长自己购买移动终端的"电子书包"项目，可不让孩子参与。

（8）如果孩子参与"电子书包"项目，家长应与孩子共同学习与成长。家长与孩子一起探讨"电子书包"的应用，学习可支持学与教、乃至个人职业生活的各种App，不仅是对孩子的引导和支持，也是对家长个人能力的提升，同时又能增进亲子感情。

（9）对孩子在家使用移动终端的时间有所限制。人们对"电子书包"项目的非议包括视力损伤、网络沉迷等。学校和家长可以与孩子有一个事先的约定，约定使用的内容、形式和时间，相信会在一定程度上解决这个问题。

（10）家长在平时应用手机、平板电脑及笔记本电脑时，应多跟孩子切磋交流，引导孩子正确应用移动终端。

电子书包在未来是否有可持续发展的空间？如果只是将"电子书包"交到教师手里，而不说明如何使用，答案是不言而喻的。在未来，我们应该做的并不是一味地禁止"电子书包"走进课堂，而是应该大规模、常态化地使用。教师需要全方位精通电子书包的使用功能，并能灵活将电子书包融合于课程教学中。现如今，教师普遍缺乏的是"敢为人先"的勇气，这是教育变革过程中的最大内在阻碍。我们阻挡不了技术更新的脚步，但可以思考如何利用技术更好地实施教与学。为什么要禁止学生在课下使用电子书包？这点笔者实在无法理解。学生需要的是"一对一数字化学习"，他们与电子书包应处于一个平等状态，而不是按照教师的主观意识，决定是否使用。学生或许在课下及回家之后，有了一个"莫名其妙"的想法，他需要利用电子书包，检索相关资源，并进行大量的学习。但因为我们禁止这种做法，便将创新扼杀在摇篮中。我们折断了孩子们的翅膀，却一直在呼吁培养孩子们的创新意识，这实在是一个很悲哀的事实。在未来，或许有更多新鲜的名词来替代"电子书包"，比如"数字书包""智慧书包""虚拟书包"等，但它们的出现无一例外都是为学生服务的，我们教师并没有权利阻止它。

2.2 社交媒体、移动终端与中小学生的学习

> 很多时候，我们以爱的名义，
> 做着适得其反的事情。
> 过度保护是最常见的情形。

近来，笔者在断断续续地阅读一本名叫 *How the World Changed the Social Media* 的电子书。它是英国伦敦大学学院（University College London，UCL）的 Daniel Miller 教授与其团队成员，在开展了长达 15 个月的实地调查研究之后的成果。这些成果后来被展示在 FutureLearn 平台上，并以一门名叫 "Why We Post" 的慕课形式呈现出来。而 *How the World Changed the Social Media* 一书，则是他们团队推出的与这门慕课配套的系列著作中的第一本著作。

我们还是回到这本著作本身。这是一本有关社会性媒体（social media）的人类学著作。笔者不是人类学工作者，但是对新媒体和社会性媒体感兴趣，对关注新媒体或社会性媒体的教育应用十分感兴趣。于是，在旅途中，笔者照例开启了在"万米高空中"的阅读之旅，一边阅读一边思考，一边做笔记。在这本断断续续阅读了很久的著作中，许多地方给予了我灵感、启发和思考。

在这段旅途中,最让笔者感兴趣的观点和启发包括以下3个方面。

1. 不同收入的家庭如何看待儿童手机及基于手机的新媒体应用

In several of our field sites we show that low-income families often see social media activity as a useful skill, enhancing literacy and providing a route to alternative, informal channels of education. By contrast higher-income families see it more as a threat to formal education. However, we have also researched in field sites where the opposite would be true.(p.xii)

这实在是一个非常重要的发现:低收入家庭通常将社交性媒体活动视为一种有用的技能,提升了素养,并且为受教育者提供了一种替代的路径和非正式的通道;相反,高收入家庭则将社交性媒体视为对正规教育的一种挑战和威胁。

笔者的思考:在中国,不同的家庭环境和氛围(城市、乡村或进一步细分社群)中,不同家庭背景(父母的受教育程度、职业)下成长起来的小孩,父母对他们使用手机的态度和看法会有什么不同?毕竟,家长的态度和立场对于学生使用手机之类的移动设备,以及开展所谓的"电子书包"(一对一数字化学习),具有重要的影响。这是一个值得深入研究的课题点。

2. 新媒体、信息技术对学校的意义和价值,是否会提升学生的学业成绩

在第5章"Education and Young People",理论上说是要讨论新媒体对学校教育和青少年成长会产生什么影响,尤其是从人类学的视角,基于不同的文化和社群考察这个问题。

在这一部分,作者写下了这样一段话:

There are those who believe that social media is destroying the educational system and will lead to a dramatic fall in grades, which can only be solved by banning access to phones and other Information and

Communication Technologies (ICTs). Others see social media as potentially re-energizing the experience of education and believe that, by forcing formal education to embrace new forms of informal and interactive learning, the use of such technologies will inevitably benefit all concerned. (p.70)

在家长、教师和校长中，恐怕真有这样的人，他们相信新媒体会摧毁现有的学校教育制度，导致学生学业成绩急剧下降。持这种观点的直接结果和行为就是禁止学生使用手机。这样的学校举措还真不在少数。

3. 新媒体对学校中的人际关系会产生什么样的影响

也是在这一章，这一页，第 70 页，作者提出了一个非常有意思的问题。

This chapter also pays more attention to how social media is reshaping the key relationships that education encompasses:those of student-student, teacher-student and teacher-parent. Examining each of these relationships reveals key themes shaped by social media-specially intimacy and conflict; surveillance and engagement; and mediating understandings of duty respectively. All of these highlight the important social dimensions of learning, which are increasingly being conducted through online spaces. (p.70)

这实在是一个有趣的问题。新媒体是如何重塑学校中所涉及的人际关系？如何改变学生与学生、教师与学生，以及教师与家长之间的交往方式与人际关系？

实质上，思考清楚这些问题非常关键，因为我们今天比任何时候都强调社会性学习。

移动终端记笔记，你用了吗?

在我们为师范专业本科生开设的公共选修课中，有一讲的内容是"当笔记遇上思维导图"，其核心任务是帮助师范生学会用移动终端来记笔记,并且实际运用幕布工具开展一次课堂小组研究,围绕对幕布的实际应用和体验开展活动。

在课前准备的时候,笔者设计了一个由 18 个问题组成的调查问卷,该问卷的核心目的是想了解现在的大学生到底是如何记笔记的。毕竟,记笔记对于各级各类学校教育实践中的学习十分重要。

调查的对象以笔者任教高校的不同学院师范专业的大学二年级学生为主体,另外有个别旁听的硕士研究生和大学教师,共计 44 人,其中,大学二年级学生占 86.35%,女性占到 72.73%。

调查的结果印证了笔者的假设,几乎没有多少学生使用移动终端记笔记,如图 2-2 所示。

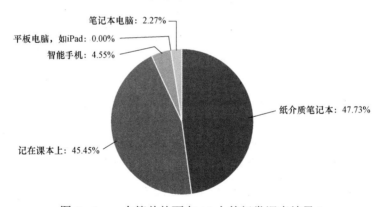

图 2-2 一个简单的面向 44 人的问卷调查结果 1

从图 2-2 中可以看出,93.18%的受访者采用纸介质笔记本或直接在课本上用笔记录重要知识点。使用笔记本电脑记笔记的只有 2.27%,用智能手机记笔记的占 4.55%。很遗憾,这一组受访者没有人用平板电脑记笔记。

为了从另外一个侧面更深入地了解大学生用移动终端记笔记的整体情况,笔者专门设计了如下的一个问题:

据你的观察，你们班同学是如何记笔记的？

结果，在44名受访者的回答中，我们看到：77.27%的受访者认为，自己的同学是用纸介质笔记本记笔记的；有22.73%的受访者认为，自己的同学是直接在课本上用笔记笔记的，如图2-3所示。

也就是说，根据44名受访者的回应，据他们的观察，他们班上没有人用笔记本电脑、智能手机和平板电脑之类的移动终端记笔记。

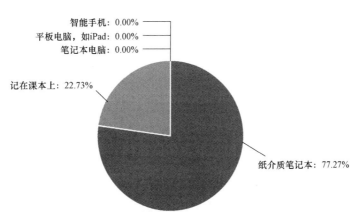

图2-3 一个简单的面向44人的问卷调查结果2

如果我们让学生自己作出选择，自由地选择使用记笔记的工具，他们会选择什么工具记笔记呢？

调查结果显示：79.55%的受访者依旧选择用纸介质笔记本记笔记，而只有2.27%的受访者选择了平板电脑，9.09%的受访者选择了笔记本电脑，9.09%的受访者选择了智能手机。后三项相加，选择使用移动终端来记笔记的受访者只占到所有受访者的20.45%。如图2-4所示。

这个结论实在是出乎笔者的意料啊！是长期以来学校教育实践中养成的用纸介质笔记本记笔记与以线性方式记笔记的习惯固化的结果，还是有其他什么原因？这其中的根源到底是什么？是什么原因阻碍了大家在课堂上用移动终端记笔记呢？

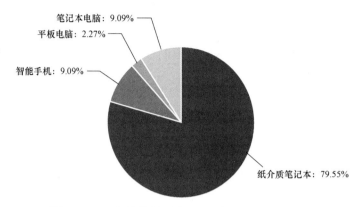

图2-4 一个简单的面向44人的问卷调查结果3

除了向受访者调查其授课教师和所在大学管理者的态度，笔者专门设置了一个这样的题目：

你觉得用笔记本电脑（平板、手机）记笔记，最大的挑战是什么？

调查结果发现：34.09%的受访者表示，不知道如何用移动终端记笔记；29.55%的受访者认为，用移动终端记笔记会分心；这两项相加，占到所有受访者的63.64%。另外，有25%的受访者表示，授课教师会反对，认为上课开小差，不专心听讲。如图2-5所示。

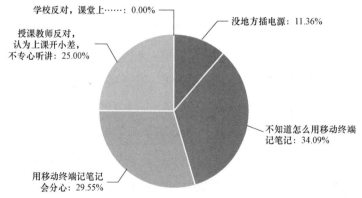

图2-5 一个简单的面向44人的问卷调查结果4

从这个结果中，我们不难发现，有63.64%的受访者不知道如何使用移动终端记笔记，需要在使用移动终端记笔记的方法上给予指导和引导。

从这个非常简单的初步调查中，可以发现一些基本的事实：

（1）大学生中很少有学生用移动终端记笔记；

（2）在用移动终端记笔记的方法上，大学生迫切需要指导和引导；

（3）以记笔记为代表的学习方式的变革，任重道远啊！

这样的结果不知道是因为这些学生从小的学习环境造成的，还是另有他因，但试想，这是一群"教育技术学"专业的学生，是有志在未来要变革学习的一批人，如果他们记笔记的方式都还没有改变，何谈变革别人的学习呢？

我们还要禁止孩子使用手机吗？

几年前，在广东省佛山市举行的一个会议上，面对来自全国各地的几百位中学校长，笔者应邀发表演讲。演讲的题目是：我们还要禁止孩子使用手机吗？那次的演讲，可以说是我演讲史上的"滑铁卢"。在40分钟之内，当我按原计划完成演讲的时候，我说，"各位校长，这就是我的观点，谢谢大家的耐心聆听"。在我的潜意识里，此时此刻应当有掌声。可是，那天下午，会场却极为反常，一片寂静，所有的听众表情凝重，看着我灰溜溜地走下演讲台。

手机进学校这个问题，可以说是一个让人难堪的话题，同时也是一个非常有意思的话题。就目前而言，在全世界范围内，90%以上的中小学都禁止学生使用手机。尽管，这个数字在最近几年正在不断下降。更有意思的是，90%的学校禁止学生在学校里使用手机，而这些学校中，95%的校长和教师都知道，禁止学生使用手机是徒劳的，因为他们还在偷偷地使用手机。不仅如此，在这些使用手机的学生中，大约有97%的学生的手机比他们父母的手机更好、更贵。

手机实在是让人欢喜让人忧啊！在后来的很长一段时间里，笔者都在琢磨一个问题，那就是究竟哪些人害怕孩子使用手机？最后，笔者得出的结论是，那些不会正确使用手机的人。我们设想一下，一个家长/教师/校长，当他拿手机只是用来打电话、自拍、追电视剧、玩游戏、聊微信和 QQ 的时候，他自然担心孩子使用手机，因为他认为，孩子也会以他使用手机的方式使用手机，所以，他要禁止孩子使用手机。

相反，对于一个家长/教师/校长来说，当他知道，手机可以在分分钟之内变成陶笛、钢琴、口袋里的健身教练、睡眠管理师、随身体检的工具、个人时间管理的利器、高效学习的工具等的时候，他怎么会禁止孩子使用手机呢？对他来说，问题恐怕演变成了如何让孩子尽快尽早正确、科学、合理地使用手机了。

笔者之所以发表"我们还要禁止孩子使用手机吗？"这个演讲，并不是鼓励学校随意处理学生使用手机这个问题。只是，在笔者看来，这是一个根本无法回避的问题，我们既不能把脑袋埋进沙子里当鸵鸟，也不能想当然地以为一纸禁令就万事大吉。我们必须直面这个问题。

手机，一个在 20 世纪末还属于奢侈品的东西，随着时代的发展，对中小学生来说，如今似乎已经成了一件稀松平常的"必备装备"。尤其是在 IT 产业领域的摩尔法则催化下，手机的性价比越来越高。充话费送手机也是服务商惯用的营销手段之一。于是，手机开始较大面积地走进了中小学生的生活。

学生手机：究竟是天使，还是魔鬼？

学生使用手机，教师普遍持反对态度，绝大多数学校也都是明令禁止。反对的理由有：手机会干扰正常的教学秩序，催生学生之间的攀比心理；垃圾短信横行，游戏等娱乐功能日渐发达，严重影响孩子们的学习和健康；一些带有色情、暴力的网络图书和图片，赤裸裸的娱乐新闻，都会给孩子带来不良影响。为此，许多学校见到学生使用手机就没收，甚至动辄开展手机集中收缴活动。更有甚者，在2015年5月，兴义市的一所中学将收缴到的学生手机丢入装满水的塑料盆中进行销毁。据估计，这批手机价值约4万元。

相反，学生的态度却是鲜明的。不少学生质疑："凭什么学生就不能拥有手机？""谁说我们只用手机上网、听歌、玩游戏？""父母花钱给我们买的手机，用不用只有我们说了算。"

学生手机，究竟是天使，还是魔鬼？学生认为是天使，教师认为是魔鬼。双方各执一词。

学生手机：你禁你的，他用他的

尽管学校有相应的规章制度禁止学生使用手机，但是，越来越多的中小学生使用手机，这已经成为一个不争的事实。2016年3月，渭南新闻网记者彭一鹏在陕西渭南市城区某高中进行了一次抽样调查，对该学校高一高二的两个年级六个班级进行了问卷调查。在反馈回来的450余份调查问卷中，有75%的未成年学生都拥有一部或多部手机，而有的学生甚至拥有4部手机。这样的调查结果的确值得我们重新思考学生使用手机这个问题。

对于学生使用手机，更多的学校和教师其实心知肚明，想要彻底禁止学生使用手机是难上加难的事情，于是采取的是"睁一只眼闭一只眼"的态度。其结果是，禁令归禁令，而学生照样使用手机。

观点：正确引导

手机进入中小学生的生活，已经成为不争的事实。随着智能手机的发展与普及，手机的功能日益完善。现在的智能手机已经远远不只是一部拨打电话的通信工具了，而是一种越来越流行的移动终端。学生使用手机,学校明令禁止似乎是无效的。

为此,笔者的主张是:与其一味堵,不如疏,更不如引导学生正确地使用手机,让手机成为学生学习的利器,成为培养学生自治自律的工具。

第一,直面学生使用手机这个问题。教师可以利用主题班会等形式,把学生使用手机这个问题放在桌面上来讨论,引导学生充分了解手机使用的利弊得失,懂得使用手机的礼仪和常识,掌握利用手机学习的方法与技巧。

第二,由全体学生讨论学生使用手机的制度和处罚办法。学校与教师引导学生共同讨论并约定什么场合是可以使用手机的,什么场合使用手机是违规的,如有学生违规应该怎么处罚等。宽严与尺度,保障与措施,均由全体学生共同约定。

第三,由学生和教师共同监督规章制度的执行情况。这一制度是由大家共同制定的,理应共同遵守。这个规章制度可设定为有一定期限的暂行规定,学校可以视后续执行情况,再做延续或废除的决定。

第四,教师要率先垂范,向学生示范手机的正确使用方法。比如,如何用手机来学习,怎么进行时间管理,怎样记录日常生活,如何将手机变成自己口袋里的健身教练,有哪些应用可以直接用于学习辅助等。学校也可以专门搜集并整理一些学习资源,放在学校的服务器上,引导学生下载并安装到自己的手机里。

第五,加强研究,协助学校共同引导学生正确使用手机。科研机构和手机厂商,应加强合作,积极开展相关研究,设计开发学习资源,大力推广手机的学习应用,使手机成为一个移动学习的工具。

今天,笔者想说的是,如果真的严格禁止孩子使用手机,从小学到高中,那么,当这些孩子从高中毕业了,走上社会的时候,能不能生存下来?这都会成为一个大问题。因为,不会用手机,意味着他们不会网络约车、智能挂号、扫码支付……反对学生使用手机,重要理由之一是孩子自制力差，很容易沉迷游戏。像第 1 章所谈到的那样，自制力差，确实是实际情况，而这也正是需要老师、家长的时候。

除此之外，不少家长、学校教师和校长反对孩子使用手机，是因为担心孩子的视力会受到影响。本来孩子都已经戴眼镜了，如果每天盯着手机和平板电脑，视力下降严重怎么办？其实，导致视力下降的既不是手机，也不是平板电脑，是过量使用和不恰当地使用眼睛造成的。这就好比并不是菜刀决定食物的味道，而是食物本身的材质及做菜的厨师。如果我们要以担心孩子视力下降，而禁止孩子使用手机和平板电脑，那么，依照同样的逻辑，我们似乎也应该禁止孩子读书，不是吗？

2020 年 4 月 28 日，中国互联网络信息中心（CNNIC）发布了《中国互联网络发展状况统计报告》。该报告中指出，截至 2020 年 3 月，中国网民通过台式电脑和笔记本电脑接入互联网的比例分别为 42.7% 和 35.1%；手机上网使用率为 99.3%。也就是说，手机接入互联网已经成为绝对的主流。想想的确恐怖，不是吗？

在一个微信群里，机智幽默的某中学同学发布了一条信息：

三十年前，人们惊呼流行音乐会毁掉下一代；

二十年前，人们惊呼电视节目会毁掉下一代；

十年前，人们惊呼因特网会毁掉下一代；

而现在，人们惊呼手机游戏会毁掉了下一代；

……历史证明，没有任何力量能毁掉下一代；

除了上一代。

一个凤梨冰棒的励志故事

前几天还在与几位老朋友聚餐，说家长里短，聊天南地北，话柴米油盐。

不知道怎么，我们就聊到了孩子，聊到了家庭教育，这让笔者想起了观看过无数遍的泰国的一部公益广告片——妈妈、女儿和凤梨,一部根据真实故事拍摄的充满正能量的广告片。

泰国最大的电信公司 AIS 成立了一个 Sarnrak 慈善公益基金。这部充满正能量的广告片就是由 Sarnrak 慈善公益基金拍摄的。

故事的主人公是一对母女,母亲从未上过学,靠卖水果养家糊口,养育着自己的女儿,就这样,母女俩相依为命。

在日常生活中,在教育女儿的时候,这位母亲总觉得自己不知道如何表达,但是,她坚信自己可以示范给女儿看,并从自己的示范中引导孩子学会观察,并自己寻求解决问题的方法。

当看到别人家的孩子吃冰棒,而自己没有钱给自己的孩子买的时候,这位年轻的妈妈就把凤梨切成冰棒的模样,放在冰块中,第二天拿给孩子吃。孩子觉得很好吃,说:"也许我们可以把它拿去卖。"

于是,这位妈妈就开始让孩子把自己做好的凤梨冰棒拿去卖,可是,初次尝试,并没有多少人买。

当孩子问妈妈,为什么没有人买她们的凤梨冰棒的时候,这位妈妈只是告诉孩子,你应该到市场上去看看,看看其他的商贩是如何销售自己的东西的。

这时候,孩子去了市场,通过自己的观察和思考,受益颇多。

这部广告片的片尾,感人至深。只见这位妈妈意味深长地说:"我很高兴,看到她能学会自己解决问题。""看到她从实践中学习,我很开心。"

她还说:"有一天,当我不在她身边的时候,我相信她会过得很好。"

是啊,总有一天,我们不在他们身边。作为父母,自己的孩子终究有一天需要独立生活,自己选择,独自去面对暴风骤雨。

这部温情广告片是根据一个真实的故事改编拍摄的。广告片中的那个小女孩名叫 Achara Poonsawat,现如今,她已经长大成人,2013 年,在泰国的博仁大学顺利地完成了她的本科学业。

在过去几年里，笔者与一线教师在一起的时候，在谈到反思的时候，总是会把这部广告片播放给一线教师和校长看。

笔者常常在想，为人父母，在我们陪伴孩子与她们一起共同成长的过程中，适时放手真的太重要了。作为人师，何不如此呢？

在如今移动设备普及的今天，移动学习是时代所趋，但有一些家长或学校考虑到孩子年纪小，自制力差，往往不让学生使用移动设备，比如智能手机，这样就在无形中剥夺了学生移动学习的权利与机会。

对于教育，无论是家庭教育，还是学校教育，有时，我们需要适时放手，是为了更好地培养孩子的自制力和才干；适时放手，是为了孩子走得更远，跑得更快；适时放手，是当我们不能陪伴在孩子身边的时候，孩子也能过得很好。

然而，适时放手也绝非易事。很多时候，我们以爱的名义，做着适得其反的事情。过度保护是最常见的情形。

第 3 章
移动学习技术篇

3.1 开箱亮宝：我的个人学习环境

个人学习环境，不是讲每个人自己的书房，
它是讲我们每个人自己的日常学习生活和工作实践中
累积的个人在线学习和工作环境。

2017年5月18日，应蒲公英书房任培江主任和蒲公英教育智库李斌总裁的邀请，笔者出席了在重庆市人民小学举行的"2017年核心素养落地校园主题峰会"。

当日上午，在李斌先生热情洋溢的开场致辞之后，笔者聆听了两场演讲。首先聆听了来自中国台湾中正大学教育学院院长蔡清田教授所作题为"核心素养的连贯与统整"的精彩演讲，在演讲中，蔡教授结合自己主持的台湾国民基本教育素养相关重要课题的经验，分析了台湾和内地核心素养的异同，全面而系统地阐述了核心素养在各学段的上下连贯性和不同学科之间的纵横统整，给人诸多的启发和思考。相信此种不同学段之间的上下连贯和不同学科纵横统整的考虑，一定会使得核心素养更容易落地生根，开花结果。

在蔡教授演讲之后，接着发表演讲的是蒲公英教育智库负责学习空间设计的王樱洁女士。2016年12月，笔者应邀出席了蒲公英教育智库在上海举办的第三届中国教育创新年会，了解到蒲公英教育智库在关注并践行有关学习空间的理念和创新实践，颇为感慨。在上午的演讲中，王樱洁女士介绍了蒲公英教育智库的三个有关学习空间设计的典型案例。与王樱洁女士在微信中交流时，我说："这三个案例都非常精彩！如果我们对它们进行深度挖掘，并加以理论剖析和比较分析，在学术性刊物上发表，相信会增进国内同行进一步关注学习空间的问题。"

根据事先的安排，笔者是第三位登台的演讲者，演讲的主题是"学习空间与个人学习环境"。设计者的主要设想是希望笔者谈一谈核心素养落地需要什么样的学习空间和学习环境。在演讲中，笔者从核心素养、21世纪技能、学习空间、个人学习环境及核心素养如何落地5个方面做了阐述。

个人学习环境，不是讲每个人自己的书房，它是讲我们每个人自己在日常学习生活和工作实践中累积的个人在线学习和工作环境，它是个人用户的学习、生活和工作的软件、平台、应用的集合。个人学习环境，是过去30年全球学校教育信息化领域人士所关注的重要课题之一，也一直是教育技术学研究的重要课题之一。

在演讲前准备讲义时，笔者把自己这几年最喜欢的工具加以搜集、整理，与来自全国各地的500多名与会代表做了分享。回顾过去几年自己使用的个人学习环境，笔者发现，随着时间的推移，个人学习环境也会不断地发展变化。其实，我们每个人的个人学习环境也都在发生着改变，这一方面可能是技术进步和产品升级换代的必然结果，另一方面也可能是个人的习惯和喜好随着时间的推移而不断地发生变化。

这些工具和软件如下。

（1）信息检索：很多年前笔者用 Google，有段时间 Google 用不了，就选用了 bing.com。

（2）记笔记：过去非常喜欢 EverNote，现在更喜欢用幕布（mubu.com）。

（3）互动微博：新浪微博，初心不改。

（4）内容策展：Feedly，过去疯狂地喜欢 Zite，后来它被 Flipboard 收购，就改用 Feedly 了。

（5）博客平台或网站建设：WordPress，当仁不让，无与伦比！

（6）音乐：佐茶音乐，网易云音乐，喜欢！

（7）文献管理：Mendeley，爱不释手！

（8）慕课学习：最喜欢英国的 FutureLearn。

（9）时间管理：笔者用 365 日历。在用 365 日历之前，笔者用谷歌日历。

（10）团队和项目管理：Tower 是笔者的首选。

在笔者的微信公众号——EduTech 自留地，也曾有网友推荐过他们的一些个人学习环境。笔者将其整理如下：

夏胖胖网友：印象笔记。

崔研宏网友：任务清单工具，如滴答清单、云盘工具、百度网盘、思维导图工具等。

希言自然网友：有道云笔记。

个人学习环境还有很多，在此就不一一列举了。其一方面有助于学习者学习效果提升，拿 365 日历来说，当学生有很多学习任务要完成时，可以在 365 日历里创建日程，并设置提醒，当设定的任务时间到了，365 日历便会向学生的手机端微信发送学习通知。长此以往，坚持下来，学生的学习效率就会有所提升。另一方面，个人学习环境还有助于学生之间进行知识共享。学生可以在自己的个人学习环境中搜集整理知识，并将搜集整理的知识通过手机或计算机等终端发送给其他同学，以达到知识共享，比如在幕布等一些软件中记录笔记，将记录好的笔记生成链接发送给其他同学，使得知识在同学之间传播，共筑良好的合作学习氛围。个人学习环境对教育的影响其实不止这些，它带给教育的影响，接下来就让我们一起拭目以待吧！

3.2　Radio Garden：一个网站听遍全球电台广播

改变的是形式，不变的是阅读！

例行阅读，读到一篇博文，是关于电台花园（Radio Garden）的。"电台"两个字眼，将笔者的思绪带到了"教育技术学自留地"博客在线更新的初期，记得那时，笔者也曾在博客中介绍过一个由山东省济南市历城区洪家楼小学的一位小朋友创建的全球在线电台。学习英文、收听英文广播都可以在那个网站实现。可惜的是，后来我没有进一步关注，也不知道那个网站后来的发展情况，也不清楚当年的那位小创建者今天究竟在从事着怎样的工作。但至今回想起来，笔者依然觉得这个电台是一个令人不可思议的创造，不仅仅因为它所能实现的各种功能，更是因为它的开发者的年纪如此之小！

今天在博文中了解到的这个电台花园同样足以让人惊叹不已。点开链接，似乎让人步入了一个秘密花园，如图3-1所示。

电台花园是一个以地图的形式（非常类似谷歌地球），展示收录自世界各地的广播电台频道。访问这个网站也十分便捷，用户无须安装或下载任何软件，即可直接在浏览器上快速实时地收听全世界的优秀电台。

电台花园是由总部位于阿姆斯特丹的 Studio Moniker，携手荷兰声视研究所（the Netherlands Institute for Sound and Vision），为兴趣相投的无线电爱好者们构建的跨国合作项目。

电台花园项目是由位于荷兰的马丁路德大学（Martin-Luther

University)的 Golo Föllmer 主持开展的,得到了丹麦哥本哈根大学(the University of Copenhagen)、奥尔胡斯大学(Aarhus University),英国的伦敦大都会大学(London Metropolitan University)、桑德兰大学(the University of Sunderland),以及荷兰的乌特列支大学(Utrecht University)的协助。2013—2016 年间获得了欧洲研究区域人文(Humanities in the European Research Area,HERA)社会科学基金的资助。

在电台花园网络的首页上这样写道:"诞生伊始,无线电就是跨国界的。相隔万里,不同文化的制作者和听众们,被电波聚拢到了一起。"

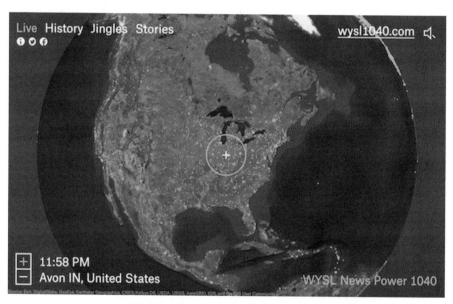

图 3-1　电台花园(Radio Garden)

电台花园有四大应用模式:直播(Live)、录播(History)、台呼(Jingles)、故事(Stories)。

直播(Live):这自然是无须解释的,你可在家收听实况直播。可以真正做到足不出户,与全球伙伴同步收听直播的实况。

录播(History):自然是收听历史声音。据介绍,在电台花园收录了一些早年的广播节目录音,例如,1936 年卢森堡的电台录音。想想看，在你出生前 50 年就有这段音乐，如今，这段音乐在 50 年之后的今天还能被听到。听着这段 50 年前的音乐，不知道你会不会有一种穿越时空的感觉呢？

台呼（Jingles）：当你听广播节目插进广告后，必然会听到"你现在收听的是……"这样一段音乐或台词。类似于这样的一段音乐或台词便是"台呼"。

故事（Stories）：是一些关于广播和无线电的研讨会、事件及故事的记录。

实际上，电台花园是一项很实用的免费服务。如果你平常喜欢听广播，但又不知道其他国家的频道信息应该如何获取，电台花园便是一个可以帮助你搜寻及入门的途径，当然你从搜寻广播的过程中还可能会发现不少更有趣的东西。

在如此之多的大学和基金会的协助与资助下，电台花园设有多种语言学习服务。设想一下，你若是一位想要学习葡萄牙语的学习者，或者你是在欧洲工作的汉语教师，有了电台花园，语言的听力学习是多么便捷啊！

这可谓是：电台花园，一个网站让你听遍全球电台广播！

电台花园的理念类似于让信息为全人类所共有。在开放教育运动开展之际，我们便开始提倡知识是全人类所共有的。也正是在移动互联网的支持下，世界变得更加开放了，知识可以共享了，我们可以在任何地方学到自己想要学习的东西，收听到自己想要听到的东西。

便利的网络会给教育界带来很多影响：首先，学习空间发生了改变，我们可以边走边学，可以在学校中学习，也可以在家中学习；其次，学习时间也变得更加可控，我们可以根据自己的时间灵活选择线上学习与线下学习相结合的方式；再者，学习内容变得更加多元化，我们不仅可以学习课本知识，还可以学习网上的教育信息资源；最后，再来看看我们的教育者，教育者是教育的核心力量。教育要变革，首先教师观念要变,在网络时代,学生不仅可以向自己的老师学习,还可以向世界其他名校的老师学习。因此,教师不再是学生学习的主导者,而是逐渐转向学生学习的指导者和帮助者。

3.3 讯飞:君子动口不动手

有了讯飞语音输入,从此君子动口不动手!

中国的互联网产品中,在全球互联网市场上有发言权的,为数不多。而这样的产品中,科大讯飞算一个。

2001年元月,笔者第一次离开陕西,南下广州,前来投奔仰慕已久的桑新民教授。

那天晚上,笔者住在桑教授的家里。到了凌晨4点钟,笔者起床去卫生间。途经书房时,发现书房的灯却亮着,通过虚掩着的书房门望去,桑教授正坐在计算机桌前,似乎是在"朗读",那时,笔者以为桑教授是在早读。

桑教授的行为着实让笔者感叹不已。重新躺回床上时,便默默地对自己说,"年轻人,你真要好好地向桑先生学习啊!德高望重的桑教授居然都有早读的习惯,而作为年轻后进的我却还在呼呼大睡。"

后来,笔者才知道,桑教授有早睡早起的习惯,每天清晨他不是在早读,而是在写东西,是用语音输入的方法写东西。

当时,笔者对语音输入了解不多,觉得是一个新鲜的东西。如今随着科技的发展,语音输入已经不是什么稀奇事了,很多企业也已经在语音输入方面作出了一番成绩。比如科大讯飞股份有限公司(以下简称"科大讯飞")。

科大讯飞：中国互联网的骄傲

科大讯飞成立于 1999 年，是我国产业化实体中，在语音技术领域方面，基础研究时间最长、资产规模最大、历届评测成绩最好、专业人才最多，以及市场占有率最高的公司。

科大讯飞作为中国最大的智能语音技术提供商，在智能语音技术领域有着长期的理论研究与实践积累，并在语音合成、语音识别、口语评测、自然语言处理等多项技术上拥有国际领先的成果。科大讯飞是我国唯一一个以语音技术为产业化方向的"国家 863 计划成果产业化基地""国家规划布局内重点软件企业""国家高技术产业化示范工程"的企业，并被原信息产业部确定为中文语音交互技术标准工作组组长单位，来牵头制定中文语音技术标准。

讯飞输入法

语音技术实现了人机语音交互，使人与机器之间沟通变得像人与人沟通一样简单。语音技术主要包括语音合成和语音识别两项关键技术。让机器说话，用的是语音合成技术；让机器听懂人说话，用的是语音识别技术。此外，语音技术还包括口语评测、语音编码、音色转换、语音消噪和增强等技术，有着广阔的应用空间。

讯飞输入法是由中文语音产业领导者科大讯飞推出的一款输入软件，集语音、手写、拼音、笔画等多种输入方式于一体，可以在同一界面实现多种输入方式平滑切换，符合用户使用习惯，大大提升了输入速度。

讯飞输入法采用全球领先的语音核心输入技术，识别率在业界稳排第一；它独家推出方言语音输入，支持粤语、四川话、河南话、东北话、天津话、湖南（长沙）话、山东话、湖北（武汉）话、合肥话、江西（南昌）话、闽南语、陕西（西安）话、江苏（南京）话方言识别,开启了语音识别新时代。

讯飞输入法全球首创"蜂巢"输入模型,独家支持拼音、手写、语音"云+端"立体输入引擎。讯飞输入法,创造了极致输入体验。不仅如此,科大讯飞是首家推出离线语音输入的企业,安装包虽小,识别却十分准确。

对讯飞输入法,笔者在此分享以下几大应用场景的体验。

(1)用手机聊天,屏幕小,输入累,很辛苦。而直接用讯飞语音输入,可将对话内容转换成文字发送,简单快捷。

(2)讲课、演讲、讲话或发言的时候,可以直接开启 Word 文本,打开讯飞语音输入,待结束的时候,内容就可转化成文本了,只需花点时间校对、编辑,省时省力,一举多得。

(3)像桑教授那样,可以安装 PC 版讯飞输入法,改变过去敲击键盘的习惯,直接改由语音输入。

(4)参加学术会议,记笔记的新方法。演讲者在演讲的时候,打开 Word 和讯飞输入法,可以一边听,一边进行语音识别输入,会后再整理内容,这样可以使参会者全身心地投入到会议中。

(5)用于语言学习。讯飞输入法对对外汉语教学具有重要的意义。目前在一些对外汉语教学软件中已经开始使用语音引擎。

(6)在用 QQ 或其他工具聊天时,可跟朋友比赛谁"打字"速度快,让他输得"云里雾里"。

总之,有了讯飞语音输入,从此可君子动口不动手了。

讯飞语记:让你君子动口不动手

如今,经过几年的发展,科大讯飞推出的中文语音输入的准确性更高,应用也十分普及,尤其是讯飞语音输入法、讯飞语记及其他一系列的革命性的产品。

在手机上安装了"讯飞语记"App 之后,你就可以说了算了!

假如你是一位职业经理人，那么，用"讯飞语记"，你可以记录生活中的一些碎片化想法，让你的奇思妙想和灵感瞬间被定格下来。有了"讯飞语记"，不方便随身携带纸介质笔记本的你，也可以用手机记录你的所思所想了。

"讯飞语记"作为一种书写方式，（至少是部分）替代了过去使用纸笔记录和键盘输入，因为人的口语速度最快可以达到每分钟240个汉字，对绝大多数人来说，这可比用键盘输入快多了。随着学习习惯的改变，为了后续编辑省时、省力，在利用"讯飞语记"输入的时候，你也会慢慢地使自己的口语表达更严谨、更规范。这从某种程度上会影响和提高你的口语表达能力。这样是不是一举多得呢？

对于教师和学生来说，用"讯飞语记"，会有哪些意想不到的好处呢？一起来看看：

（1）真正做到"君子动口不动手"。

（2）在身边没有笔和纸的时候，不用键盘打字，也可以写作和记笔记。

（3）为了提高语音识别的质量，普通话（或方言）会越说越标准。

（4）为了减少后期编辑修改的工作量，口语表达的条理性、逻辑性会不断提高。

（5）对许多人来讲，用"讯飞语记"记录内容比用键盘打字的速度更快。

（6）尤其适合引用引文。在阅读的时候，手头没有纸和笔，就可以借助手机上的"讯飞语记"先摘录下来。

总之，在技术飞速发展的今天，人们的生活节奏加快，更加追求"短、平、快"的学习方式，语音技术作为人与机器交流的最自然的方式，会给学习者营造一种最舒适的学习体验。比如，当你在等公交车时，可以一边等车，一边用手机听TED演讲。这时候听到独到见解时，便可以使用"讯飞语记"将其记录下来，效率是不是快了很多呢？作为新时代的教师与学生，应该改变传统的备课方式与学习方式，尝试将语音技术应用于教育中，真正实现君子动口不动手。

3.4 Quartz 新闻阅读，像与暖男聊天

至于 Quartz 这种"对话体"形式的新闻+交互技术将把我们引向何方？让我们继续拭目以待吧！

最初知道 Quartz 这款应用，是因为王力维（VIVI）老师。

在 2017 年 6 月某天的早晨，笔者看到 VIVI 老师在我们团队的工作群中分享了这个工具。当时，她只是把这个工具的界面截图发给了笔者。第一眼看上去，好像没有什么特别的地方。界面非常素雅，看上去似乎其貌不扬。

然而，笔者还是在手机上下载了这款 App，并做了进一步了解，发现这还真是一个很有意思的应用。后来通过进一步了解，发现这款应用还有其他一些优势，比如在语言学习上，它可以作为一个新闻阅读的重要工具。同时，在内容汇聚和推送、App 界面设计、移动应用的创意和黏着性等方面，都有很多值得我们学习和借鉴的地方。如图 3-2 所示。

图 3-2　Quartz App 的界面截图

2016年2月11日，Quartz新推出一款互动聊天式的新闻应用，让新闻叙事秒变好友畅谈。

清晨，当你打开安装在手机上的Quartz，首先映入眼帘的可能会是这样一条新闻推送。

"早上好！葡萄牙的一场大火至少让62人丧生，数十人受伤。"

"你想详细了解情况，还是切换到下一条消息……"

你一定以为，这是你某个忧国忧民的朋友，正在用即时通信工具为你播报全球时事？

你错了，这是Quartz的场景功能之一。这款神似"聊天应用"的App，以聊天的方式为受众们推送新闻。它的应用界面被设计成对话框形式，这也正是它推送新闻的独特方式。如图3-3、图3-4所示。

图3-3　Quartz应用界面（一）　　图3-4　Quartz应用界面（二）

Quartz不仅上手成本低、互动性强，而且内容包含性广，可创造出轻松而拟人化的氛围。形象地说，这是一场关于新闻的对话，像是朋友之间的日常聊天信息，像在与一位聪明而语言朴实的朋友谈天说地。

Quartz是一个支持推荐国际版的原生新闻媒体，也可以说是一个属于国际版的新闻头条网站,它试图专门为商务人士打造全球经济新闻体系,精选世界最热门和最值得关注的新闻话题。

与 Quartz 这样一款新闻 App 聊天,有没有觉得很暖呢?

对于任何事物,我们每个人都有自己的见解,对于 Quartz 这款应用也不例外,业界和网友对其褒贬不一。

赞美者认为,这款应用为人们创造了深度交互的氛围,使得新闻推送和呈现方式变得更加友好。甚至有人觉得其推送设置有一种别出心裁的意味,连广告也都是对话体的。也有人称赞道:"这款应用的界面也太干净清新了吧!这种耳目一新的对话形式让我感受到了未来正在向我们招手!"

当然了,批评和质疑的声音一直都有。一些人认为,Quartz 的对话方式显然过于死板机械,语言一点也不口语化,对每句话似乎都要字斟句酌才能理解,因此,也有不少用户觉得,在阅读时常常需要浪费时间等待新的对话框出现。也有人批评说,Quartz 就是个伪聊天界面罢了,每一步你还需要选"看更多"或是"跳过"。

但是,在笔者看来,Quartz 这款应用的创新是值得肯定的。它比许多移动阅读应用都有趣、有创意。我们可以畅想一下这种对话体模式在教育教学中应用的场景。就英语学习而言,在移动学习时代,一些学生通常会使用英语学习 App 记单词,但是又常常因为学习孤独感不能坚持到底,最终放弃学习单词这项伟大而艰巨的任务。不知道你是不是这样的呢?想想如果某种英语学习 App 嵌入"对话体"这种机制,学习者就会沉浸在学习单词的乐趣中。除此以外,英语口语练习也是英语学习的一部分,如果某款英语学习 App 可以让学生说英语就像"与暖男聊天"一样,那么学生拥有一口流利的英语就指日可待啦。

的确,这种基于新闻+交互技术的"对话体"模式,不仅正在改变包括教材在内的文本知识产权购买者和销售者的经济意义,而且也正在改变着叙述历史、创造历史和传承文化的方式。今天，这种"对话体"阅读方式可能会减轻读者的阅读负荷，使读者沉浸在阅读中，使阅读真正变成一种享受。但是，在笔者看来，无论如何变化，改变的始终是形式，不变的永远是阅读！至于 Quartz 这种"对话体"形式的新闻+交互技术将把我们引向何方？让我们继续拭目以待吧！

3.5　全球钢琴独奏音乐会引发的思考

网络带给我们围观的力量！

笔者不太记得清最初是怎么知道 Smule 的 Magic Piano 的了。但在今日，依旧让笔者记忆犹新的是：对音乐一窍不通，甚至连简谱都不认识的我，曾在一次教师培训会上，用平板电脑演奏了钢琴曲——《献给爱丽丝》。自那以后，笔者常常会开着平板电脑，启动这个 Smule 的 Magic Piano，让声音跨越千山万水，萦绕在非洲西海岸某个小岛上的某位仁兄的耳畔，让他一边欣赏音乐，一边工作。就这样，慢慢地，我对 Smule 了解越来越多，喜欢也就越来越多。

Magic Piano：魔法钢琴

Smule 的网站倒很简洁。Smule 的口号是：Connecting the world through music。翻译成中文就是"用音乐链接全世界。"

Smule 推出了很多音乐类 App。其中，有一款叫"魔法钢琴"（Magic Piano）的 App，它可以让任何人弹出这世间美妙的曲子，无论你是有钢琴基础的学习者，还是一个从来没有见过钢琴的人，只要你会跃动手指，就可以借助平板电脑演奏出一首优美的钢琴曲。如图 3-5 所示。

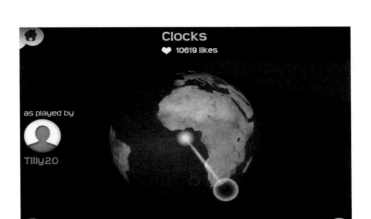

图3-5 "魔法钢琴"iPad界面截图

你也许不会弹钢琴,但只要你懂得音乐的节奏,按照屏幕上出现的提示进行点击,就可以弹钢琴。

更加神奇的是,在某位仁兄用平板电脑,借助"魔法钢琴"演奏曲子时,数以万计的人,可以同时捧着自己的平板电脑,或坐、或卧、或在室内、或在室外,一起聆听此人的绝妙演奏,甚至为之点赞。

2013年8月20日,在非洲西海岸的某个小岛上,一位名叫Tilly20的朋友,正在使用"魔法钢琴"倾情演奏钢琴曲Clocks,引来了包括本人在内的数万名网友的实时聆听,其中,居然有10 619位听友表示喜欢其演奏。我不禁感叹这确实是一场"穿越空间"的听觉盛宴!

说到Smule,就必须提到王戈。王戈是斯坦福大学音乐和声学计算机研究中心的助理教授,其研究方向为编程语言和有关计算机音乐、移动音乐及社交音乐的交互式软件系统。王戈也参与了一些计算机科学和音乐融合的教学工作。他还是音频编程语言ChucK的作者、斯坦福大学笔记本电脑管弦乐队和斯坦福大学移动手机管弦乐队的创始董事。

同时,王戈也是Smule的创始人兼首席创意师,他为iPhone平台设计了Ocarina、Magic Piano等应用。当年的他在创建Smule时只是源于兴趣,因为热爱音乐,于是和几个有相同兴趣的人一起创建了Smule。

Smule 第一个产品是一个打火机。这个打火机叫声音打火机。

Smule 被看作是一家极富创新思维的 App 软件供应商，它依靠 Sonic Network 技术，让用户获得了超凡的音乐体验。

有了 Smule 的 App，你的手机分分钟可以演变成钢琴、吉他、陶笛、黑管、手风琴、二胡等各种乐器，而你，即使是像我一样，连简谱都不认识，也可以创作出属于自己的音乐。你也可以每天利用手机，使用 Magic Piano，面向全世界，随时随地举行你自己的个人钢琴独奏音乐会，很有可能也会瞬间变成"万人迷"。

行文至此，再与诸君分享一个案例。

用手机围观象棋比赛

在笔者读大学的时候，电视机还属于奢侈品，那个时候，中国象棋很是流行。特别是夏天的时候，经常可以看到在宿舍楼旁的路灯下，一群人围在一起，看别人下象棋。

不过，今天笔者要说的是，网络带给我们围观的力量。

在笔者的手机里，有一款令人喜欢的游戏，这个游戏的名字叫"博雅中国象棋"。这个"博雅中国象棋"，跟许许多多的象棋程序没什么区别，有机器对阵、真人对抗、观战 3 种模式。

想想看，在昔日，夏夜的路灯下，十几个人围观，已经很了不起了。

而如今在网络上，当你用"博雅中国象棋"，与某位不知身在何处的棋友，楚河汉界，两军对垒的时候，成百上千甚至数以万计，乃至更多的网友，可以围观你们的"对决"。在象棋大师各处异地"拼搏厮杀"的时候，而在世界各个角落的爱好者们，手拿手机或平板电脑、或使用台式机，或站、或坐、或卧，或在地中海、或在长城内外、或在遥远的北极圈附近，围观这场象棋大师之间的较量，岂不壮哉？

这个案例很好地向我们诠释了"网络通畅，你就会成为世界焦点"

的真谛！网络将我们的物理距离缩小，我们仿佛被聚集在一个"村落"。

的确，借助网络和计算机的虚拟世界，麦克卢汉曾讲的"地球村"，在今天似乎更加真切。苏珊·平克在谈"村落效应"时，就谈到过创建村落效应的6条原则。

苏珊·平克：创建村落效应的6条原则

苏珊·平克是加拿大著名发展心理学家、记者和作家，曾在加拿大的麦吉尔大学和滑铁卢大学学习心理学，拥有长达25年的心理疾病临床实践经验，同时在麦吉尔大学教授心理学。

苏珊·平克的第一本著作——《性别悖论》（*The Sexual Paradox*）于2009年获得了美国心理协会最有名的文学奖——威廉·詹姆斯图书奖（William James Book Award），目前已经在17个国家出版发行，《村落效应》是加拿大畅销书，2014年获得苹果电子书"非虚构类最佳图书奖。"

在《村落效应》这本书中，苏珊·平克提出了一个概念，叫村落效应（village effect）。书中通过大量鲜活的故事和案例，着重分析了创建村落效应的6条原则。

第1条原则：认识你的邻居，经常跟他们说话。

第2条原则：在日常工作中实现真正的人际交往。用电子邮件进行协调规划，用电话或视频电话进行更细致入微的交流。

第3条原则：建立一个由不同关系组成的村落。就像养成吃饭和运动的习惯一样，与"村落"成员保持稳定的社交接触。

第4条原则：每个人都需要亲密的人际接触。不过，面对面接触和屏幕交流的比例会因人而异，就如同你会根据自己的胃口来调节饮食一样。

第5条原则：学龄前儿童和幼儿的教育重点是家长—儿童互动、师生互动和同伴互动。面对面教学与网络工具相结合的教育方法，更适合年龄较大的孩子和青少年学生。

第6条原则：现在已经有越来越多的人际互动搬到了数字平台上，教育、医疗和儿童看护中的面对面接触也变成了一种奢侈的行为。但是，面对面的接触是人类最基本的需求，理应开放给所有人。

如今，互联网把我们连在了一起，构建了"地球村"。我们可以通过一部手机，与身在异地的学习伙伴或教师沟通交流，可以通过一台计算机，与同伴分享学习资源。我们的学习是不是变得更加便捷呢？但是，正因为互联网把我们连在了一起，所以获取信息的形式纷繁复杂，获取到的信息内容多元。在这些来源广泛的信息中，可能会存在一些不利于青少年健康发展的信息。这时，如果学生对信息没有敏锐的辨别力，就容易被这些不良信息所困扰，此外，若有的学生不能高效检索信息，也容易被淹没在信息的海洋中。因此，学校需要不断地提高学生的信息素养，同时，相关领导部门也要制定信息安全方面的政策，加强信息管理，让"地球村"得以可持续发展。

第 4 章
移动学习资源篇

4.1 慕课（MOOC）的理念

> 慕课（massive open online course，MOOC）构成了开放教育世界的一道靓丽的风景线，是开放教育资源运动中正在迅猛发展的新生事物。

慕课的学名叫大规模开放在线课程，它构成了开放教育世界的一道靓丽的风景线，是开放教育资源运动中正在迅猛发展的新生事物。审视其背后的理念，对于我们促进开放教育事业的发展，具有重要的理论意义与实践价值。

MOOC 组织的原理

MOOC 植根于连通主义教育学的几条主要原则。

第一原则是聚集（aggregation）。一门慕课（大规模开放在线课程）的核心与要点就在于为学习者提供一个在不同地方在线开发的海量学习内容的起点，这些学习内容随后被聚集在一起，作为一种简报或一个网页，从而使得参与者可以定期访问浏览。而传统课程的内容是事先由教师准备好的，这是它与传统课程之间的重要区别。

第二原则是重组，也就是说，课程内的这些相互连接的材料汇聚在一起，与其他地方的课程资料相互联系，重新组织在一起为学习者所用。

第三原则是汇聚与重组的资料，为了特定的目的而进行量身定做，使得其重新适应于每一位学习者和参与者。

第四原则是订阅传播，即依照特定的目的，在其他参与者和世界上任何人之间再分享这些观点和内容。

乔治·西蒙斯早先（2005年）提出的连通主义原则中，也指出了隐含于MOOC背后的教育学思想：

（1）学习和知识产生于不同的观点。

（2）学习是一个连通特定节点或信息源的过程。

（3）学习可以存在于非人的装置之中。

（4）知晓更多的能力比目前知道什么更为至关重要。

（5）对于为了促进持续学习的笔者而言，培育、维护和连通是必须的。

（6）发现到不同领域、观点及概念之间的连通的能力，是人的一项核心技能。

（7）流通（currency，精准的及时更新知识）是所有连通主义学习活动的目的。

（8）决策本身就是一个学习过程。选择要学习的内容，以及知晓涌现而来的信息之意义，可以通过一个变换着的现实来完成。现在，如果有一个正确答案在那里，而在明天它可能就是错误的，因为影响决策的信息环境已经发生了变化。

4.2 小窗口，大世界

透过一个小小的"窗口"，孩子们能看到一个大大的世界！

指尖上的学习——移动学习理论与应用

在 2016 年 9 月中旬的一天，笔者应邀出席在长沙市岳麓区举办的一场教师培训活动。之前，笔者应邀拜访了当地的两家企业。其中一家邀请笔者前往株洲市天元区了解当地的基础教育信息化情况，这家企业的研发基地在长沙。从湖南省教育科学研究院研究员刘建清的啧啧赞叹声中，笔者坚定了去看一看的想法。这一去，可不得了。

"刘母鸡"的历史课堂

结识正在读小学六年级的刘沐棋同学，纯属偶然。了解到他的历史课堂，更是意外。

这个历史课堂属于一位天台小学六年级四班的学生。这位小同学名叫刘沐棋，因音近"刘母鸡"，刘沐棋同学就自嘲为"刘母鸡"。而他自己创办的这个在线课程，名字也叫"刘母鸡的历史课堂"。

刘沐棋拍摄和制作微课的工具是一款免费的，且操作非常简单的视频制作软件，名字叫作小影。小影技术操作简单，功能也没有过于复杂，使用者很快便能学会。在"刘母鸡"的历史课堂里，教学内容被划分为一个个小的单元节，通俗易懂，讲解的声音也充满童趣。当前教师制作视频类课程，过度追求技术的炫酷，往往忽视课程的最本质特征——教育性。比如说，微课比谁都做得漂亮、精致，但很少用于课堂。这实在是一个很悲哀的事实。开发的课程如果不用于课堂，注定是无效的课程。但小技术也能有大应用，例如小影。"刘母鸡的历史课堂"让笔者对孩子的创造性思维有了更深刻的理解，同时也对教育现象有了一定的反思。在当前的教育背景下，究竟什么样的技术才是"好的技术"？

邹昊格的故事

邹昊格（英文名：Hawk），在他读小学一年级的时候，用荔枝 FM 绘声绘色地演讲了四十二集儿童版的《三国演义》。

谢雪霁老师是邹昊格同学当时的班主任。谢老师这样介绍说:"昊格不但喜爱这本经典文学,手不释卷,还在字典的帮助下,学会了里面的许多生字。这还不够,在妈妈的帮助下,昊格索性录制了四十二集说书一般的《三国演义》音频!"

那里面的美文让他如沐春风,那里面的历史让他大开眼界,那里面的智慧让他回味无穷……我们希望他能坚定前行,在经典的哺育下更好地成长。

笔者现在以"昊粉"的身份,向大家推荐的不单单是经典文学作品《三国演义》的"说书",还有《日有所诵》的"rap版儿歌背诵集""语文预习微课集""数学讲解类微课集""变形金刚讲解集",以及正在录制的"成语故事集"。他的成长离不开爸爸妈妈的引导、陪伴与付出。

其实,在真正了解邹昊格之前,笔者一直以为昊格的爸爸妈妈是学校的老师。后来才发现,根本不是那么回事。昊格的妈妈这样介绍说:

"我是邹昊格的妈妈。我是一个从事质量体系管理的职员,平常在工作中接触最多的就是'PDCA'(plan 计划—do 实施—check 检查—action 处理)的循环。

"昊格是一个酷爱变形金刚、书本和各类攻略的小男生。作为妈妈,我最大的愿望,就是希望能够和他成为无话不谈的朋友,无论在什么年纪,什么'期'。"

2016年11月29日,在安徽合肥举行了"基于微课的翻转课堂教学创新论坛"。组委会邀请笔者作主题报告,笔者立刻想到了邹昊格同学,并向会议主办方推荐了他。如果邹昊格同学能够亲自到会场,跟所有的与会代表一起分享他是如何设计和制作微课的,那么应该不会再有老师说自己不会制作微课了吧?

在那次活动上,昊格不仅展示了他录制的"语文预习""说数学"等微课,还展示了自己如何用 App 来编辑微课,让许多老师觉得既有趣又"不可思议",昊格也因此收获了大量的"昊粉"。在那次论坛上，昊格用一个"微课"展示了一道他解答"鸡兔同笼"的数学题。对于一年级的孩子来说，"鸡兔同笼"是一道比较难解的数学题，昊格用自己的方法解答了这道题，因为解题方法特别好，老师希望能把昊格的解题方法展示给更多的同学看，所以，妈妈帮他录了一个微课。该微课不仅在他的班上进行了演示，班主任老师还传给了其他老师，这道题让更多的孩子都知道了，原来可以这样解题。目前该微课还在不断地被点击、观看，点击率已达 11 000 次以上，同时还被很多老师下载作为课件。

一年级的时候，谢雪雰老师希望昊格能把预习步骤录下来，她可以放到班级群里做展示，一是因为孩子们对自己熟悉的同学录的视频更感兴趣，二是可以引导同学们做好"预习"，三是希望借昊格的预习视频，唤醒不帮助孩子预习的家长主动或被动来帮助孩子预习。于是，一个学期下来，昊格将语文每一课的预习都进行了录制，这样，不但使自己养成了预习的习惯，也引导其他的孩子进行了预习，并且还形成了自己的一个预习微课集。

昊格究竟有多少微课？他妈妈并没有正规统计过，但是保守估计，视频、录音等加在一起，至少已达上千个了。昊格的微课制作方法其实非常简单，用的基本上都是网上轻而易举能找到的一些软件，微课的形式或"讲课"，或"朗读"，或"说书"，或说一些自己感兴趣的话题。昊格就是从这样一个个简单的"制作"中锻炼胆量，慢慢地面对镜头时可以做到从容不迫。昊格妈妈说，当一个孩子上百次地面对镜头说课、说题以后，在讲台上，他还有什么可害怕和怯场的呢？

确实，通过微课的录制与积累，昊格胆量更大了，表达能力更强了，上台也更自信了。2017 年，8 岁的昊格参加了"第四届中国教育创新年会"，作为"开场嘉宾"，面对台下 2 000 多位校长，昊格通过画面和视频展示，将他"1.2 米的世界有什么"向台下的教育工作者们娓娓道来：用语音"写"作文草稿、在直播平台上给全国的孩子当小老师、通过互联网和来自五湖四海的孩子组队参加机器人大赛等，短短的10分钟，老师们沉浸于信息技术让生活如此多样和精彩的赞叹中。那一晚，对于一个1.2米高的孩子来说，舞台大得让他站在上面显得很渺小，但是，在台上游刃有余地切换PPT，毫不怯场地开小玩笑活跃气氛，让人觉得这个孩子太不简单了。

2018年，株洲市举办的"少年讲坛"活动，昊格顺利进入市赛第一场选拔赛。评委都是来自教育局各系统的专家，面对这些教育教学专家们，昊格可是敢于"正面碰撞"，整合他从微课中学到的染色体的知识，给评委老师们上了一堂"染色体的一些事儿"的科学课。染色体可是高中生物学中的内容，或许是惊叹于小学生讲了"大学问"，昊格以最高分进入了复赛。复赛时，来观赛的都是小学的同学们，面对上百位来观赛的孩子，昊格利用实验、图片、动画展示，给同学们深入浅出地讲解了"植物中的变色龙——花青素"的神奇与作用。有的孩子回去后立即模仿了实验，也看到了神奇的"变色"。

随着昊格一些微课视频在网络上的传播，以及昊格参加的一些活动，昊格"红"了，有人戏称昊格为"网红"，网上还有了"8岁网红小学生火了，老师你可要当心了""从网红少年邹昊格说起"等文章。昊格妈妈说，如果说昊格因"微课"而"红"了，究其原因不过就是在这个信息技术时代的"顺势而为"：接受和利用微课这种方式，以"二维码""公众号"等新媒体，利用互联网对信息进行了传播。当然，最不能否认的是，微课的确促进了孩子能力的提升和发展，使孩子更加强大了，但最终的"红"还是要靠自身"强大"。

当然，追溯到最初，如果不是昊格一年级的谢雪霁老师、区教育局的何其钢老师向家长大力推广"信息技术"，昊格也不会有这上千节的微课了，今天，你也看不到"昊格的故事"了。

"查尔斯王子"和他的王子微课

在到访湖南长沙之后,笔者应邀顺访了株洲市天元区天台小学。这次观摩让笔者对"查尔斯王子"、王子微课,以及天元区活力课堂有了更多的了解,也深深地为王子微课和天元区活力课堂所呈现出来的信息技术与学科教学深度融合的场景所震撼!

"查尔斯王子"的真名——何其钢,是湖南省株洲市天元区教育局的教研室主任。据说,早在何其钢主任读大学的时候,因满头卷卷的头发,外形酷似查尔斯王子而获此美称。

其实,笔者在之前的一些场合,包括2016年8月在内蒙古乌兰察布举行的会议上,与"查尔斯王子"也曾有见面。熟知笔者的人都知道,我是重度"脸盲症患者",记住人的名字和长相是件很艰难的事情。所以,笔者对他的印象也不深。

此次,长沙市教育研究院的刘建清老师,深圳前海好好学教育科技有限公司的秦军先生、吴德平女士和笔者一行四人驱车前往株洲市天元区天台小学。株洲市教育局装备所的李雨所长、株洲市天元区教育局的黄子金督学、天元区教育局教研室的何其钢主任,齐聚株洲市天元区天台小学观摩听课。天台小学的苏焱老师介绍了她的"七彩课堂——在阅读中成长";天元小学三年级六班的田智老师介绍了他们的二维码应用;唐婷老师介绍了"我爱班级、我爱拼音、我爱阅读、我爱看图说话"等一系列"我爱"微课;天台小学六年级四班的刘沐棋同学介绍了他的"刘母鸡历史课堂";株洲市天元区银海学校的王雅丽老师介绍了在小学英语教学中,如何借助一起作业网和英语趣配音开展教学。整个课堂教学时间紧凑,精彩纷呈,实在让人目不暇接!

通过学习和交流,笔者对"王子微课"有了更多的理解和认识。在笔者看来,"王子微课"有以下一些特征。

（1）王子微课，也叫移动微课。这里的微课概念和笔者的概念略有不同，"查尔斯王子"所谓的微课并非笔者所界定的"短小精悍的在线教学视频"，至少不完全是。王子微课突出移动应用，借助移动应用及移动终端创造出课程材料（包括但不限于视频）。

（2）王子微课和全国许多地方的微课及基于微课的颠倒教室/翻转课堂教学应用模式不同。在全国绝大多数地方，教师只是设计开发微课。而王子微课是在自愿参加的基础上，教师、学生和家长都积极主动地参与到课程资源的建设和教学应用中，从而使得学习者不再是被动的参与者，使得家校协同培育和促进儿童健康成长落到了实处。

（3）王子微课非常注重免费而便捷的工具、App 和平台的应用。如同前文所言，株洲市天元区的学生、家长和老师们把二维码、小影、UMU 互动等之类的免费的"小技术"，创造性地应用到了美轮美奂的地步。这一做法值得在全国推广！

（4）王子微课和国内诸多地方的微课不同之处还体现在，王子微课不仅仅着眼于课堂教学，还非常关注信息技术与学校教育的深度融合和创新应用。他们将这些免费的、简便的、常见的、不用专门学就会用的极简教育技术，创造性地应用到教学、管理、教研和家校互通之中。

当然，王子微课在取得这些令人瞩目的成绩的同时，也可能会面临不少的困难和挑战。其中需要尽快解决的问题包括：如何整合好散布于各个平台和应用中的王子微课？怎样使得王子微课的探索和实践得到进一步的提炼、总结和归纳，可以让全国更多的地方和学校学习与借鉴？

据"查尔斯王子"和黄子金督学介绍，株洲市天元区在过去几年里一直在大力推进活力课堂，积极推进信息技术与学科教学的深度融合，成效显著。"查尔斯王子"说，他们的理念包含 18 个字，即：小窗口，大世界；小技术，大应用；小平台，大舞台。

结合黄子金督学和"查尔斯王子"的介绍,并结合在天台小学观摩的学习体会,笔者认为这里所谓的"小窗口,大世界",是指株洲市天元区的教师和同学们创造性地使用二维码开展学习、教学和管理的创造性应用。的确,对于中小学而言,能够把二维码应用到这种程度,笔者还真没在其他地方见到过。实在是令人佩服!

"小技术,大应用"是指株洲市天元区的教师和同学们创造性地使用了诸如小影、微信、好学区、问卷网、初页、英语趣配音、易企秀、UMU互动、荔枝FM、美图秀秀等一大批轻量级的、免费的、简便的软件、平台和应用。这些技术因为轻量、简便甚至免费的特点而被称为小技术。

在笔者看来,"小平台,大舞台"是株洲市天元区师生的自谦。教学改革其实没有小平台,都是大舞台。只要脚踏实地,精耕细作,就能在这样的舞台上谱写出精彩华丽的篇章。

透过一个小小的"窗口",孩子们能看到一个大的世界;小技术也能发挥大的作用;在人生的每一个阶段,我们都站在一个小的平台上,但每一个人都是主角,我们可以创新性地使用所接触的一切资源工具,将平台延伸并联结每一个人,最终成为自己的"舞台"。我们一直在探究技术与教育的关系,研究表明,并不是技术不够先进,或是设备不够完善,而是我们进行教学变革的勇气还不够。为何技术对各行业的变革如此之大,却对教育的影响如此之小?我们的课堂与几十年前相比,看起来似乎并无多大差别,只是电子白板代替了黑板,遥控笔代替了教鞭,真正根深蒂固于每一位中国人的教育思想却似乎从未改变。现在,未变的又似乎单指那些教师们的教学观念和教学方法等。孩子们生活在一个信息爆炸的时代,他们每一个人都是真真实实的"数字居民",而身为"数字移民"的我们该如何追赶上他们的步伐并进行正确引导?这成了我们每一位教育工作者都应该思考的问题。

4.3　弹指一挥上世界一流大学

任何人，只要可以接入互联网，只要有学习的内驱力和动机，
就可以借助网络，随时随地，在弹指一挥间，上世界一流大学。

今天，生活在这个时代的人们实在是幸运的人儿。因为，任何人，只要可以接入互联网，只要有学习的内驱力和动机，就可以借助网络，随时随地，在弹指一挥间，上世界一流大学。今天，我们仿佛进入了人类历史上教育资源互通的时代。全球开放教育资源正搭乘互联网这列高速列车飞驰而来，而大规模开放在线课程（MOOC）便是这些高速列车带给我们最丰硕的恩惠之一。

慕课取其"令人羡慕的课程，众人慕名学习的课程"之意。慕课吸引了大量的参与者，有的时候是数千人，而他们中的绝大多数人只是在外围参与（围观）。例如，2008 年的第一门 MOOC 课程有 2 200 个注册用户，其中只有 150 人是积极参与的活跃用户。学习者可以自己控制学习的时间、地点、内容、方式，以及学习伙伴。但是，不同的学习者学习内容的多少是由自己控制的。慕课的目标是重新界定"课程"的内涵，用新进涌现的、共享的内容和互动交流方式，创造出开放的学习网络。一门慕课允许参与者通过自制的、多元的、开放的、互动的命题形成各种联通。那些具有"大规模"特性的绝大多数慕课已经成为开展在线学习的重要课程。最重要的开放特性驱动了慕课的创建、结构及运作。

CLASS CENTRAL

CLASS CENTRAL 是一个全球著名的有关慕课的搜索引擎和评论网站，如图 4-1 所示。

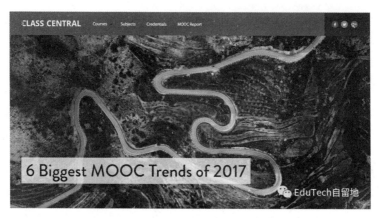

图 4-1 CLASS CENTRAL 网站首页

2017 年 1 月 20 日，CLASS CENTRAL 发布了由 Dhawal Shah 所撰写的一篇题为"6 Biggest MOOC Trends of 2017"的文章。这篇文章是 CLASS CENTRAL 在 2017 年关于 MOOC 综述系列文章中的一篇。在这篇文章中，作者 Dhawal Shah 分享了慕课在行业内发展的六大趋势。与 MOOC 平台继续寻求可持续发展的商业模式一致，这些趋势中的绝大多数与寻找市场契合度有关。

1. 从免费到昂贵，每个价位段都有慕课

最初，所有的慕课都是免费的。虽然内容千差万别，但在最开始的时候，慕课提供商实质上只提供了单一类型的产品：那就是为在线学习者打包并免费提供世界一流大学的优质课程。然而，经过几年的发展，到现在，大型的慕课平台和课程提供商已经开发了一系列的产品与服务，课程的价格从免费、部分免费，到完全收费不等。

CLASS CENTRAL 已经确定了慕课提供商所提供的 6 种不同层次的慕课，它们分别是：免费（或免费审核）、证书、微型证书、大学学分、在线学位和企业培训。每一层都会在下面的层级上增加一些价值。从本质上说，同一种产品（任何人都可以免费注册的产品）正在以不同的价格水平施行货币化，而免费产品作为一种营销方式，慕课提供商借此向客户提供其他更高价格的产品。

归根结底,在 Dhawal Shah 看来,2017 年慕课的第一个趋势,从免费到昂贵,总有一款适合你。

2. 越来越多的慕课增加了内容付费墙

付费墙(pay walls)是对在线内容实行付费阅读的模式。慕课在最初发布的时候,它们都是完全免费的。事实上,慕课的"免费"特性使慕课与其他类型的在线课程得以区分。但是,随着不断探索可持续发展的慕课商业模式,我们越来越多地看到付费墙背后的内容。正如在前面的分析中所讨论的那样,2017 年,人们看到免费的慕课正在持续不断地缩减。现在,慕课存在一个两极分化区,一端是完全免费的课程,另一端是完全付费的在线课程。

Coursera 将那些需要评分的任务放在付费墙后面,FutureLearn 开发了一个基于时间的付费墙(见图 4-2),而 Udacity 似乎放弃了免费的概念,积极地向内容获利转变。尽管 edX 主办了付费课程,但它仍然是唯一提供完全免费课程(减去免费证书)的慕课课程平台。

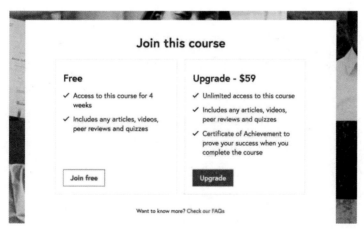

图 4-2　FutureLearn 平台加入某课程的界面截图

如此看来,如果 Dhawal Shah 所言为真,那么,越来越多的慕课平台似乎开始通过不同的付费墙策略,寻找内容付费的盈利模式。

3. 慕课的听众：专业学习者

有关慕课的早期报道和论述主要是围绕着慕课是否会对传统大学构成"威胁"这一命题。时隔 9 年，我们清楚地知道，慕课其实并不会导致传统大学的消亡。然而，根据 Coursera 的前首席执行官里克·莱文（Rick Levin）所言，虽然慕课可能不会打乱高等教育的市场秩序，但慕课正在破坏劳动力市场。这些课程的真正受众并不是传统的大学生，而是里克·莱文所说的"终生职业学习者"（life-long career learner）。他们的目标是实现自身专业和职业的发展。

4. 在线学位和企业培训成为慕课的重要增长点

慕课平台进入在线学位和企业培训市场并非一个新趋势。然而，在作者 Dhawal Shah 看来，2017 年出现了一些新的发展，甚至实现了几个里程碑。很简单，在线学位和企业培训是价值数十亿美元的现有市场，慕课提供商要占据其中一小部分。

2017 年设立了一些新的基于慕课的在线学位项目。这些在线学位项目招收了 7 000 多名学生，总潜在收入超过 6 500 万美元。

在企业培训方面，截至 2018 年，共有 1 500 多家企业（包括 60 多家财富 500 强企业）客户，相比 2017 年底的 500 家企业客户增加了 2 倍，Coursera 企业培训（B2B）在 2018 年获得了进一步推动。

由此看来，在线学位和企业培训似乎是慕课在未来的增长点和发展态势。目前，中国开设了 68 所远程教育试点高校：清华大学、北京大学、北京中医药大学、北京师范大学、北京理工大学、北京外国语大学、北京航空航天大学、北京交通大学等。

但是，在笔者看来，企业培训领域的态势应该是一致的。

5. 慕课平台和课程正在不断增加灵活性和便利性

过去一些年，慕课提供商一直在试图提升慕课课程和产品的灵活性、便利性。这两类特性使许多慕课可以在一年中的任何时候，全面地为学习者所用，进行随时随地的学习。

6. 慕课开始现身大学校园

到目前为止，慕课一直在为大学生提供学分而进行尝试和努力，现已经将矛头对准了那些还没有参加大学学位课程学习的学生。目前，校内学生可以选择从慕课中获得学分，其中包括他们所在大学的慕课课程。

在中国，这似乎是比较突出的特点。慕课提供者和大学都比较热衷于让学习者通过慕课学习获取学分。笔者在应邀出席一个有关慕课的研讨会中，同与会者讨论了中国慕课的特色。有学者认为，中国慕课至少有两点不同于国外，一是受众主要是在校大学生，二是主要由政府推动。对于第一条，笔者是认同的，这也许可以从一个侧面说明，我们的学习型社会建设和终身学习的理念还比较落后。

在线学习支持服务很关键

几年前，笔者在 FutureLearn 上选了一门课，从成功选课到正式开课间隔了将近 3 个月的时间。其中，让笔者感受比较强烈的有 3 个方面：一是课程要求学习者立刻加入日历，接收课程事务提醒以防辍学；二是要求学习者先进行自我介绍，便于加入学习社群；三是在课程中提供在线学习指引和慕课学习帮助指南。如图 4-3 所示。

图 4-3　FutureLearn 学习平台

仅这三点便已超越国内绝大多数的慕课平台了。在第三条中提到了一个细节，就是对学习者学习慕课的方法指导。2015 年 4 月，FutureLearn 做了一件非常有意思的事情——向所有的学习者征集究竟应该如何学习慕课的意见和建议。后来，这些来自数百位学习者的经验之谈，被编辑整理，加上在线学习专家的意见和指导，最终形成了一本非常棒的、免费的电子书，这本电子书的名字是《有关学习的众包指南》（*The Crowdsourced Guide to Learning*）。这本采用"众包"的方式完成的慕课学习指南仅有 60 页，任何网络用户均可免费下载、阅读。在封面上，FutureLearn 写了这么一行字：Made by learners，curated by Futurelearn。翻译成中文就是：由学习者众包完成，由 FutureLearn 策展、整理。

该书除了简介之外，还邀请英国开放大学的在线学习专家 Mike Shapples 撰写了前言。正文部分包括：我们为什么要学习？你应当如何组织你的学习？哪些技巧有助于你的学习？如何向他人学习？什么东西激励着你不断地学习？是什么让你成为一位面向未来的学习者？在全书的最后，FutureLearn 还提供了专门的一章，罗列出为这本书做出了贡献的人。从长长的鸣谢清单中，我们不难看出诸多学习者为之做出的贡献。不仅如此，FutureLearn 还专门开辟了一个模块，征集学习者的意见、建议和学习技巧。任何人，只要你愿意，都可以贡献自己的学习技巧。别的不说，单就这一点，不难看出 FutureLearn 是非常熟谙互联网思维的。慕课学习的技巧来自学习者，学习指南是"众包"的。因此，慕课课程的设计、学习组织和在线教学管理就比较完美。

特别有意思的地方是什么呢？在这本众包而成的电子书中，编者还专门增加了一些高亮显示的地方，对于想要快速阅读这本书的人来说，你只需阅读高亮显示的内容，就可以在十分钟的时间里，对慕课学习的方式、方法和技巧略知一二了。

4.4　说说慕课学习中的辍学问题

我们必须正视慕课学习中的辍学现象，
但是大可不必谈辍学而色变。

记得华南师范大学未来教育研究中心设计开发慕课课程——"信息化教学能力之五项修炼"，第一次在中国大学 MOOC 平台上开课前夕，笔者曾专门写了一篇推文，那篇文章是专门为注册学习该课程的朋友写的，题目是《慕课开课第一周，我的五点学习建议》，其中提到了慕课的辍学问题。于是，在 2017 年 6 月 10 日的直播活动中，就有不少朋友问如何防止慕课学习中的辍学现象。当时笔者答应专门找机会与大家分享我的看法。以下内容试图回答这个问题。

辍学是很普遍的

说实话，慕课的高辍学率和低完成率，在过去差不多十年间，一直都是慕课饱受诟病的地方，也是平台、课程开发者、学习支持服务人员及所有学习者共同面临的一个巨大的难题。的确，慕课的辍学率是非常高的，有的慕课的辍学率甚至高达 90% 多，而有些慕课的完成率仅仅只有 6%～7%。那么，我们要回答如何防止在慕课学习中的辍学问题，就必须先来回答，我们到底应该如何看待慕课学习中的辍学问题。

慕课辍学是正常的

就笔者在过去一些年的研究、设计和开发慕课的经验与教训而言，我们必须正视慕课学习中的辍学现象，但是大可不必谈辍学而色变。就笔者而言，本人就是个老辍学生。

其实，辍学是一件很正常的事情。为什么呢？在笔者看来，有以下几个原因。

第一，慕课的学习是非正式学习。

用斯蒂芬·唐斯（Stephen Downes）的话来说，一门慕课与一门传统的课程之间最大的一个区别就是，慕课的学习是完全自愿的。你可以自主决定是否要参加，同时，你自己决定要以什么样的方式参加。如果你觉得无聊，不想参加，那就不参加了。

第二，人都是有惰性的。

惰性和事情的优先级，就会很容易使人辍学。在生活中，忙起来以后，可能就没有办法按时完成作业和任务，也许就会使课程学习任务堆积起来，久而久之，也就放弃了。

不仅如此，慕课的学习是非强制性的。如果学习者没有较强的自觉性和自主性，那么，生活中其他一些事情，一旦与慕课学习时间发生冲突，往往慕课的学习很可能就成了牺牲品。

第三，学习本身就是个人的事情。

就笔者而言，在过去的七八年间常常辍学，因为自己就没打算学完，也没打算拿证书，只是想解开心中的一个结，那就是，慕课到底是怎么教的？慕课到底是怎么学的？如果我们不搞清楚教师如何教慕课，学生如何学慕课，就不可能对慕课进行评头品足。

为此，笔者不断地注册不同慕课平台的不同慕课课程，不断地学习和了解，不断地辍学。完成了任务之后，笔者就退学了！因为我觉得没有必要继续待下去了，所以就辍学了。

第四，学习的评价标准不应拘泥于与正式学习相统一。

既然慕课是非正式学习，那么，我们就不应当用正式学习的评价标准和规范，来衡量和评估这样一种非正式学习。在过去一些年，慕课获得了诸多赞誉，同时也遭遇了诸多的批评。通过实践，不难发现：所有赞誉和质疑，其实都是基于对传统学校教育和传统课堂学习环境的理解，也是用教育的传统假设及教学的传统评价标准来评判慕课这种非正式学习的。

4.5 关于慕课学习的几点建议

> 慕课靠谱不靠谱，在人，不在慕课本身。

2016 年 6 月 1 日，笔者所在团队的第一门慕课——"英语教学与互联网"在中国大学 MOOC 平台正式上线。第二门慕课——"信息化教学能力之五项修炼"，2017 年 6 月 12 日也陆续在中国大学 MOOC 平台上线。截至 2010 年 2 月 18 日，学习人数共计 10 万余人。

笔者根据几年前学习和研究慕课的心得体会，结合团队在中国大学 MOOC 平台设计开发的慕课，总结几点慕课学习的经验和教训，供大家参考和借鉴。

1. 第零周的内容非常重要

在课程第一周的内容发布之前，中国大学 MOOC 平台专门开辟了一个内容版块，叫作第零周的内容。它是在正式课程开课前一周发布的内容，其核心目的在于：帮助学习者熟悉课程平台、了解课程的教学计划与安排、结识其他的学习伙伴，以便为后续正式的课程学习做好充分的准备。

在笔者看来，第零周的内容，绝非可有可无。学习者需要花一些时间，熟悉课程平台，看看如何参与讨论、如何提交作业、如何学习视频，课程教学内容在哪里发布，课程内容发布的日期，作业提交的截止日期，同伴互评的截止日期等。这些信息对后续课程学习都是十分关键的。

2. 要正视课程论坛中的自我介绍

一般情况下，在第零周，课程组织者和主讲教师团队往往会要求所有的学习者去完善自己的个人资料,最好换上自己清晰的大头照片,这样可以方便学习者相互认识。

在课程论坛中,特别是在"自我介绍"环节,最好只允许其他同学了解你的一些"非隐私性信息"。比如,你来自哪个城市,没准有土豪同学来自同一个城市。你的工作是什么,比如,你在延边一所中学教授地理,没准你可以在慕课学员中找到同样教授中学地理的朋友呢!

事实上,有不少朋友的自我介绍,不但索然无味,而且毫无意义。比如,不少学习者在"自我介绍"环节,在论坛中只是简单地说:"大家好,我是 David,很高兴在这里跟大家见面。"这个介绍几乎没有透露任何有意义和有价值的信息。

所以,在此建议慕课学习者在进行自我介绍的时候,不仅要介绍自己来自哪里(地点),从事的工作(职业),也可以讲讲自己的兴趣和爱好。物以类聚,人以群分。慕课的意义和价值就是构筑一个更加广阔的平台,让更多有共同兴趣的人可以跨越时空限制,尽情地交流与分享。

当然了,建议你最好不要透露自己的隐私(比如,真实姓名、具体工作的学校等)。也可以在介绍自己之余,翻看一下论坛中是否有志同道合者,或者同城学友。没准大家可以约个时间、见个面、交个朋友。

3. 订阅课程日历,留意重要时间节点

一直以来,有很多人认为,学习者辍学,在很大程度上实属无奈。或者是有更重要的事情扰乱了其慕课学习的进程。如果可以有一些提醒,学习者就可能不会那么容易辍学了。

设置课程时,防止学生辍学的一个重要措施,就是为学习者提供课程日历,方便学习者订阅。在这些日历中,我们标注了重要时间节点,比如,课程作业发布时间,作业提交时间,考试时间,直播时间等。如果订阅课程日历,就会在慕课学员的手机和微信里有关键时间节点的提醒，这样可以在很大程度上减少学习者辍学的概率。

4. 坚持每天有规律地访问课程平台

我们的课程并不是以天为单位，而是以周为单位的。因此，学习者可以在一周内的任何时间、任何地点学习并完成课程内容，在规定时间之前递交作业。但是，我们还是建议学习者，最好是养成每天有规律地访问课程平台的习惯。比如，每天早上醒来，抽出 5～10 分钟看看课程内容，在论坛中与助教或慕课学员进行互动，这样就不会因为拖沓，最后不得已辍学。

5. 积极参与互动，绝不袖手旁观

在传统的课堂上，一个坐在教室后面，抱着自己的双臂，袖手旁观的学生很有可能不会是一个好学生。慕课的学习也是如此。

如果一个人认为慕课的学习，只是看课程主讲教师团队提供的视频，那就大错特错了。在笔者看来，慕课的意义、价值和魅力，不仅体现在优秀的主讲教师团队，出色的课程内容和教学组织，而且体现在地域、经验、年龄、阅历各异的学习者。学习者才是最重要的慕课学习资源。

为此，在慕课的学习中，学习完主讲教师提供的视频，完成规定的作业，这并不是慕课学习的全部内容。在课程学习的过程中，积极参与互动，尤其是在论坛中，积极发表意见、贡献资源、参与互动和讨论同样重要。在互联网时代，越是慷慨的人，获得的总是越多。积极地投身课程论坛，与同伴进行互动交流、切磋，这既是慕课学习的魅力所在，也是一般的传统教学没有办法给予学习者的益处所在。

除了以上五点建议，做一名主动的慕课学习者亦是关键。

做一名主动的慕课学习者

过去，很多人批评慕课，认为慕课不靠谱。其实，在笔者看来，慕课靠谱不靠谱，在人，不在慕课本身。

很多时候，我们看到的情况是：许许多多的慕课学习者，把在传统学校教育情境中的那种被动学习（坐在教室被动听课）的学习方法带到慕课的学习之中。结果，在很多人（甚至包括一些所谓的慕课专家）看来，慕课的学习就是"点播视频听老师讲课"。而这种单纯的"点播视频听老师讲课"，其实不正是那种传统课堂上的"坐在教室里被动听课"的学习方法吗？

而以这样的学习方法，怎么可能会取得良好的学习效果呢？为此，我们不妨一起来问自己两个问题："我真的会学习慕课吗？我是一个主动的慕课学习者吗？"从现在开始，改变你的慕课学习方法，成为一名主动的慕课学习者。

那么，你是不是一名主动的慕课学习者呢？在笔者看来，有以下几个标准可以作为判断依据。

（1）选课出自内心需求，学习是依靠自己兴趣驱动的。

（2）正视慕课学习这件事情，定期有规律地访问慕课网站。

（3）点播视频听课，但绝不仅仅是观看视频来学习。

（4）积极完成作业，超额完成练习和实践。

（5）在课程论坛中积极互动，积极参与研讨。不仅及时提问，而且要非常积极地回应其他学员的提问，主动分享自己的学习资源和经验。

（6）学以致用，把在慕课中学到的东西应用于自己的学习、工作和生活。

如果满足上述 6 条中的 4 条以上，你就是一位主动的慕课学习者。

慕课具有开放、共享的特点，我们待在学校甚至家中就可以通过课程平台学习到名校的课程，听专业领域的权威人士的讲课，在十几年前，这是一件不敢想象的事情。如今在网络技术支持下，可以开展基于慕课的移动学习，这就需要我们成为主动的慕课学习者，慕课学习建议也就显得尤为重要。

4.6　慕课研究与探索：我的 10 年回顾

这 10 年，还真是折腾了不少事情！

如果从 2008 年算起，把乔治·西蒙斯（George Siemens）和斯蒂芬·唐斯，在 2008 年所开设的那门名叫"联通主义"的在线课程称为世界上第一门慕课，那么，到 2018 年，慕课正好走过了 10 个春夏秋冬。

回顾过去这 10 年自己追踪、观察、学习、探索、研究、尝试慕课的历程，可谓感慨万千！

这 10 年，还真是折腾了不少事情！这 10 年，笔者出版了 2 本书、主持了 2 门慕课、发表了不少文章、主讲了不少演讲、结识了国内外许许多多的专家和同行。

这 10 年，笔者与朋友合作撰写和翻译了两本慕课著作：一本是和上海大学的王萍副教授合作完成的，书名是《慕课：互联网+教育时代的学习革命》；另外一本是由笔者主持、团队通力合作翻译完成的《慕课和全球开放教育》。这两本著作，可以说是在过去 10 年，笔者学习、探索和实践的阶段性总结。

在这 10 年里，在中国大学 MOOC 平台上，笔者先后主讲和主持了 3 门慕课。这 3 门慕课分别是：

（1）汪琼主持的"翻转课堂教学法"，笔者曾应邀主讲了一个直播讲座。

（2）焦建利、刘晓斌主持的"英语教学与互联网"。2018 年 11 月，这门课程入选全国首届百门"最美慕课"；2018 年 12 月，该课程被评为国家精品在线开放课程。截至 2019 年 10 月 10 日，这门课程已完成 11 轮教学，注册学习人数近 10 万。

（3）焦建利主持的"信息化教学能力之五项修炼"，截至 2019 年 10 月 10 日，这门课程已经完成 6 轮教学，注册学习人数近 2 万。

这 10 年，笔者用中文和英文撰写与发表了一系列的刊物论文和会议论文，在国际国内学术会议上围绕着慕课教学法、课程设计与开发等相关议题作主旨演讲和发言。

这 10 年，笔者在自己的自媒体，教育技术学自留地博客（www.jiaojianli.com）及微信公众号——EduTech 自留地上发表了近百篇有关慕课的文章。

4.7　中小学数学老师最喜欢的 18 个资源

作为新时代教师，在合理运用资源的同时，
更应该学习如何搜索资源。

每当和一些小学数学教师在一起研讨时，这些教师都会提出需要一些专门针对教师教授数学或学生学习数学的资源，比如 App、教学平台及一些实用软件等。

以下这些资源是在我们团队汪滢老师整理的基础上，笔者补充完善的、面向中小学数学教师的资源，在此分享给各位朋友。

在以下的这些资源中，1～13 为数学 App，14～17 为教育平台，18 为信息检索系统。

1. 洋葱数学——一款初中数学在线学习工具

在这款学习工具中，含有大量的数学教学视频，可以趣味性地为学生阐述知识点，方便快捷地匹配练习题；错题本方便复习之用；逻辑体系清晰，基于学生视角，形成知识图谱；游戏化学习等；老师、学生、家长三方使用都非常方便。

2. Maths with Balloons——认识数字与 10 以内加减法

适合 3～7 岁刚学习计算的小朋友，通过挪动数字，若等式两边相等时，气球就会升空。

3. Motion Math：Hungry Fish——基本加减法练习（含负数）

这款 App 中，小鱼身上标有数字，需要小朋友通过加减法的方式，使得小鱼周围的泡泡等于小鱼身上的数字，这样小鱼就可以将食物吃进肚子。适合 5～9 岁的小朋友使用。

4. Number Run——加减法跑酷游戏

它是由斯坦福大学和南加州大学的研究生开发的一款学习工具。该 App 将基本的算式做成跑酷游戏，游戏角色计算正确才能跨过山谷。它适合 5～9 岁的小朋友使用。

5. Freddy Fraction——分数、小数游戏

打开这款应用，在其界面的右侧会出现一列数字，学生必须指出蜂巢中的数字应该如何运算，才能得到这个数字，进而一步步帮助蜜蜂找路。它适合 6～12 岁的学生使用。

6. MathBoard——加减乘除及混合运算

这款 App 可自选题目难度和题量，辅以阶梯助手，并且可以列出加减乘除的必要步骤。它适合 6～10 岁的小朋友使用。

7. 小学数学动画——计算步骤/过程再现

这款应用中包括 1～10 的加减乘除：有数数动画、加法动画等；多位数运算、分数运算、小数运算、四则运算；几何公式教学动画等。它适合 6～10 岁的小朋友使用。

8. Benkyou Math——日本 1～3 年级数学

这款 App 的每个数学练习都会显示计算步骤，有利于学生计算练习，检查自己的学习步骤，并知道自己错在哪里。它适合 6～10 岁的小朋友使用。

9. 因数武士——因数分解和素数游戏

这款 App 可以让学生记住哪些数字可以被整除,哪些不可以被整除。它适合 6~10 岁的小朋友使用。

10. Targeting Maths——美国小学数学

这是一款以小学数学知识应用为主的 App,基本囊括了美国小学数学全部的内容。它适合 6~12 岁的学生使用。

11. 算术争霸——小学数学

该应用包含 20 以内的加减乘除法。它适合 6~12 岁的学生使用。

12. 都都数学——美国数学启蒙 App

该 App 包含:600 多种教学活动;3 种游戏模式(每日探险、自由模式、任务模式);2 种奖励方式(星星、钥匙)。它适合 2~7 岁的小朋友使用。

13. Sumaze2

它是由英国 MEI(Mathematics in Education and Industry)和 Sigima Network 联合开发的小学数学问题解决 App。据说适合 7~77 岁的人玩,不信你试试。

14. "慧学云"智能教育平台——高中数学教学应用

它是国内首个云智能教学系统,不但有助于活跃课堂气氛、开展探究学习、巩固学习要点,而且便于加强师生沟通,有利于学生克服学习困难。

15. "几何画板"——初中数学教学应用

运用几何画板,可以帮助学生深刻理解数学概念,夯实数学基础知识,追溯公式推导,并结合生活教学,解决实际问题。

16. Z+Z 智能教育平台

它是由张景中院士带领团队研发的数学问题解决教学平台。

17. 好学区

它是由深圳前海好好学教育有限公司推出的免费工具和资源。其中的小工具和小学语文、数学及英语微课资源都非常棒！

18. 搜索引擎

搜索引擎是一切网络资源的重要源泉，我们可以通过搜索，获得所需要的网络资源。

类似的教学资源数不胜数，在此就不一一列举了。作为新时代教师，在搜索资源的同时，更应该学习如何运用资源。

4.8 随时随地聆听大师的教诲

> 任何一个人，只要拥有值得分享的思想，
> 就能发表精彩的演讲。

TED 作为全球顶级的演讲平台，自产生以来，便在全球的互联网用户中发挥着越来越重要的作用。随着全球互联网的飞速发展，TED 的公共演讲形式迅速在网络上走红。TED 演讲者通过简短而有力的演讲，将其思想传播到几乎全球所有的角落，尝试用 18 分钟改变世界。每一场精彩的演讲都会被迅速翻译成数十种不同的语言。仅在 2015 年，TED 演讲视频的点击量就超过了 10 亿，由此足见其影响是何等深远。

TED 于 1984 年由理查德·温曼（Richard Saul Wurman）等人创办。2001 年，媒体大亨克里斯·安德森（Chris Anderson）买下了 TED，并将这个 TED 变成了非营利机构。TED 每年举办一次演讲大会。TED 演讲者们在大会上的演讲会被剪辑成视频，放在互联网上，供全球的互联网用户免费观看。TED 邀请了世界上的思想领袖与实干家来分享他们最热衷的事业。

据说，TED 始于一次年会。在那次年会上，来自科技（technology）、娱乐（entertainment）和设计（design）领域的人士聚集一堂，TED 由

此得名。也正是在这次年会上,三个广泛的领域共同塑造了我们的未来。事实上,这场盛会涉及的领域还在不断扩展,内容不断涵盖几乎各个领域的各种见解。经过几十年的发展,TED 早已超越了这些领域,它甚至涵盖了公众关注的几乎所有领域。参加者们称它为"超级大脑 SPA"和"四日游未来"。大会观众往往是企业的 CEO、科学家、创造者、慈善家等,他们几乎和演讲嘉宾一样优秀。参加过 TED 的人会说,说不定你身边坐的就是一位著名的诺贝尔物理学奖得主或著名的社会活动家。TED 以传播伟大的思想为使命。在 TED 的 Logo 上,写了这样一句话:Ideas worth spreading。翻译成中文是"传播有价值的思想"。如图 4-4 所示。

图 4-4　TED 的 Logo 标语

TED 演讲的特点是毫无繁杂冗长的专业讲座,观点响亮,开门见山,种类繁多,看法新颖。每一个 TED 演讲者的演讲时间通常在 18 分钟以内。由于演讲者对自己所从事的事业有一种深深的热爱,所以他们的演讲也往往最能打动听众的心,并引发人们进一步的思考与探索。在为期 4 天的时间里,你会听到许多看似不相关的演讲,甚至有很多演讲你根本听不懂。但正是在这样一种交流中,在这样一种思想的碰撞中,"传播有价值的思想"(Ideas worth spreading)诞生了。

自 2006 年起,克里斯·安德森决定将 TED 演讲的视频上传到网上,免费提供给任何人观看和使用,所有的 TED 演讲视频都是以"创用 CC"的方式授权的。当时很多人觉得他在冒险,甚至认为这样做会砸掉 TED 的招牌。但结果令人意想不到,免费的 TED 视频上传到网上之后,非但没有减损 TED 的品牌效应,反而使其价值大增。很多人在互联网上看了 TED 的视频之后深受鼓舞，非常想到现场体验一番。但 TED 的门票价格则一路攀升，从 3 000 美元上涨到 6 000 美元，很多人只能望梅止渴。

TEDx：自组织的 TED 演讲活动

2009 年，TED 新创了一个叫 TEDx 的子项目。所谓 TEDx，是指由当地的活动组织者申请免费许可，在当地组织和举办类似于 TED 的演讲活动。其中，TEDx 中的 x 代表"独立组织的 TED 活动"（x=independently organized TED event）。因此，TEDx 的这些活动并不是由 TED 官方主办，而是完全由粉丝独立组织的。TED 官方仅提供开展当地 TEDx 活动的指南，具体的组织活动都由当地的 TED 粉丝自行完成。

这个试验一经推出便一发不可收拾，很多人报名成为 TEDx 的组织者。在将近一年半的时间里，已经有近 1 000 个 TEDx 的活动在全球各地举办。每个 TEDx 活动均依赖于个人组织者，从主题、赞助、场地、团队、设计等都能体现组织者的不同特点；活动地点不限，可以在学校、剧院甚至家庭等。活动时间最短一个小时，长至一天；参加人员可以少至十几人，多至数百人；活动形式既可以完全聚焦于播放 TED 演讲视频，也可以安排当地演讲者的演讲环节。TED 开始迅速传播开来。

TEDx 的开放式品牌授权确实是一个伟大的举措。这个项目本来只是想试验一下，把 TED "开源"出来，让不同地方的人也能在当地举办类似 TED 风格的活动。这样一来，大量的 TED 铁杆粉丝聚集在 TED 的品牌大旗之下，演绎各具特色的线上线下粉丝社群活动。现在，每天至少有 6 场 TEDx 活动在全球各个角落举办。这些地方性活动似乎并没有令 TED 黯然失色，反而更加光彩夺目了。

像 TED 一样能够将一个活动创办和发展成为全球性的品牌，并以"传播有价值的思想"为使命,从而实现经济效益和社会效益的双丰收,实在是了不起的创举!TED 在促进人类文明和发展上功不可没。

TED 演讲:18 分钟改变世界

TED 的演讲实在令人着迷。它让生活在这个世界上的每一个人,通过接入互联网,都有机会聆听大师的教诲。到目前为止,在 TED 的官方网站上,最受欢迎的演讲包括:学校如何扼杀创造力、肢体语言塑造你自己、伟大的领袖如何激励行动、脆弱的力量、解密大脑的奇迹等。TED 演讲给予我们每个人的不仅仅是精神食粮,还给予了我们演讲的方式与方法。TED 演讲事实上已经变成了一种演讲风格。

TED 实在是非常了不起的品牌!到目前为止,在中国大陆,围绕着 TED 演讲的相关著作已经出版很多。此前,笔者曾在自己的博客上介绍过《TED 演讲的秘密:18 分钟改变世界》和《像 TED 一样演讲》。其中,《TED 演讲的秘密:18 分钟改变世界》一直是笔者非常喜欢的著作,它带给人们完全不同的阅读体验;而《像 TED 一样演讲》在演讲的技巧和方法方面,给予笔者很多的启发和思考。《TED TALKS:演讲的力量》这本书是由 TED 的掌门人——克里斯·安德森,这个将 TED 推向世界的人,亲自传授公开演讲的秘诀!这本书自出版以来,同样也是备受关注。

翻阅《TED TALKS:演讲的力量》的一些篇章之后,笔者发现的确如评论所言。克里斯·安德森在书中所讲的一句话——他说:"这本书的核心主题是,任何一个人,只要拥有值得分享的思想,就能发表精彩的演讲。在公开演讲中,唯一真正重要的东西不是自信,不是舞台展示,不是流利的语言,而是有价值的思想。"

TED-Ed：基于视频的在线课程开发与应用

TED 的了不起还体现在它关注下一代，关注教育的发展。TED-Ed 便是其中一个例子。TED-Ed 是 TED 推出的一个教学平台，在该平台上展示着许多教学视频。在这个平台上，优秀的教育工作者和出色的动画师强强联手，打造精致的动画教学视频，将"传播有价值的思想"（Ideas worth spreading）的 TED 理念延伸至"分享有价值的课程"（Lessons worth sharing）。

TED-Ed 旨在邀请师生共同探索 TED 及其他视频在课堂教学中的应用。目前该平台已经搭建了一个专门的论坛，来自不同地区的老师可在论坛上分享利用 TED-Ed 进行课堂教学的经验。如图 4-5 所示。

图 4-5　TED-Ed 的课程界面

图 4-5 是 TED-Ed 的课程界面，笔者随机选取了一门名叫"孔子到底是何许人也？"（Who was Confucius?）的课程进行简单体验，发

现 TED-Ed 平台还是非常棒的，值得我们学习和借鉴。从 TED-Ed 提供的功能来看，倒是非常简单，主要有以下四大模块。

（1）观看聆听（Watch）：就是在线观看课程视频，聆听大师教诲。读者想想看，这个 TED-Ed 提供的视频绝大多数是 TED 的视频，内有来自各个行业的精彩演讲。这些演讲长短不一，不同的听众可以从不同的角度学习和利用这些视频。如果把这些视频应用于中小学的课堂教学，则需要教师对其进行再设计。

（2）思考内化（Think）：这里提供的是一些开放性的问题和客观性的选择题。所有题目的设计，旨在帮助学习者深层次领会和理解视频所讲授的内容。

（3）拓展融通（Dig Deeper）：这里主要是教师为学习者提供一些拓展资源和进一步学习的建议。这非常像当年流行的 WebQuest。

（4）讨论升华（Discuss）：这里主要讨论一些开放性题目，供学习者之间进行对话、讨论、交流。

四大模块功能清晰明确，学习者在学习过程中能够相互协作。TED-Ed 非常棒地体现了设计者的思想和教育理念：基于视频的学习、在线学习；自主学习与合作/协作学习的结合、同侪互助；实践社群中学习者的知识建构、基于网络的分布式学习；联通学习、社会性学习等。

TED-Ed 非常高级的一个地方还在于，它为每一个学习者提供了一个再创造的机会。任何人都可以借助 TED-Ed 及其他网络上的视频资源，重新设计和开发课程，并进行再发布。如此一来，TED-Ed 使用户不仅可成为课程的消费者，还可成为课程的生产者。克里斯·安德森在个人博客中曾解释了 TED-Ed 的意义，"和 Khan Academy 不一样，这个开放平台不打算取代教室，而是希望为老师提供一个令人兴奋的新方式去使用视频"。

纵观国内这几年的微课发展，各级各类的教育行政部门、学会、协会,以及林林总总的联盟、企业、学校组织了各种形式的微课比赛,收集了许多的微课视频。然而,究竟应该如何使用这些一线教师设计与开发的微课视频?这的确是一个不小的问题。

因此,这个TED-Ed是否会给我们带来一些新的启发和思考呢?

第 5 章
移动学习策略篇

5.1 从搜索到汇聚到策展

从搜索到 RSS（really simple syndication，简易信息聚合）汇聚再到策展，不仅是信息检索和在线阅读方式的演变，而且是网络技术促使阅读与写作、创作与共享、消费与生产方式合流发展、演变的具体表现。

随着互联网的迅猛发展和移动终端的日益普及，报纸、杂志、广播、电视、社交网络、微信、飞信、手机短信、电子邮件等各种媒介，承载着海量的信息和知识汹涌而来。在大数据时代，人们所创造的信息量已经远远超出了目前的信息存储能力，越来越多的人对汹涌而来的信息产生无奈感、焦虑感和厌恶感。面对着信息的爆炸狂潮，人们似乎却又遭遇着知识的饥渴。

那么，究竟怎样才能迅速获得自己最想要的信息？怎样有效地对这些信息进行存储和管理？在大数据时代，如何在信息的海洋中畅游？怎样进行精准的、个性化的阅读与学习？所有这些问题，不仅关乎每个人的数字生活质量，也影响着这个时代的知识传播、生产与创新。

第5章 移动学习策略篇

搜索让人沙里淘金

搜索引擎不仅是处理互联网上信息爆炸问题的一个基本工具，也是具有划时代意义的人类发明。自从有了搜索引擎，人们可以在家中获取海量的信息。不仅如此，借助合理的搜索引擎，人们可以从浩瀚的信息海洋中根据自己所需提取信息，这是我们从搜索引擎中获取信息最大的收益。利用搜索引擎这个强大的工具，一个普通人也会轻而易举地获取自己所需的信息。

人们需要具备用搜索引擎主动获取自己所需信息的意识。"知之为知之，不知 Google 之，此乃信息时代之真知也！"这是笔者在过去几年里常常给自己的家人、学生和朋友谈起的一句话。同时，这里要强调的是，搜索并非许多人所想象的那么简单。人们的搜索技能是搜索结果难以尽如人意的重要因素之一。在今天这样一个可以开展终身学习的社会，对搜索引擎的学习实为每个人的必修课之一。但是，今天的搜索引擎依旧无法达到足够的精准度和便捷性。人们的一个搜索请求常常返回成千上万条回答，其中很大一部分是无效信息。对搜索到的这些海量信息进行筛选，并最终获得人们真正需要的资源，就有点像沙里淘金了。虽然金子是值钱的，但是去掉沙子的过程实在异常烦琐而艰辛！

随着互联网技术尤其是搜索技术和社会性网络的发展，逐渐地，搜索引擎已经不再是我们自主获取信息的唯一方式了；除此，我们还可以让信息来找我们。

汇聚：RSS 让信息来找我们

我们每天都要访问一些与自己生活、工作相关的网站或博客，频频访问这些站点，阅读上面的新闻和文章。我们每天需要浏览大量的资讯，以便以最快捷的方式获得最新的信息。但是，简单搜索的方法和传统的浏览阅读相比，不仅难以达到精准和便捷，而且缺乏对信息的定制和管理。这时，我们需要另一种技术，它就像一位旅游向导一样，带领我们前往最有趣和最契合自身需求的"景点"。或者说，我们需要一位像图书馆管理员一样的信息领航员，在浩瀚的网络海洋中，帮助我们迅速找到所需要的图书信息。当面对海量信息时，我们每个人都期望那些满足需求的、完全个性化的信息能够主动地来找我们，而不是我们去四处奔走找信息。

2004年，随着博客的兴起与流行，在线内容越来越多，尤其是用户生产内容极大地加速了互联网的发展，RSS阅读器应运而生，RSS也成了当年最热门的网络词汇之一，它开始帮助读者实现个性化的在线阅读。通过RSS订阅，可以实现与我们相关的、关心的信息的主动推送。

RSS是一种信息聚合技术。用户只需一键订阅，就能够高效地获取自己所喜爱的网站内容。昔日，浏览器中的收藏夹，可以让人们收藏自己所喜爱的网站。而通过RSS阅读器，人们可以收藏所喜爱的博客和其他信息源。有了RSS订阅，人们不需要一一打开各个网站页面来阅读，而是通过RSS阅读器一次性获得并阅读所订阅的网站的最新内容。RSS的强大和美妙之处就在于它能像邮递员一样，及时地通知人们所订阅的博客站点有哪些更新，并把标题、摘要及全文直接推送到读者眼前。不仅如此，通过RSS汇聚阅读，读者也不再受到广告等无效信息的干扰。

至今，笔者依然认为RSS是一项伟大的发明。然而，它却一直没有普及开来，尤其在国内没有得到广泛的推广和应用。分析原因，可能有：微博之类的社交性媒介的兴起，对博客产生了较大冲击；国内的在线阅读订阅站点抓虾、鲜果等RSS汇聚应用未能找到明确的商业模式；移动终端和移动互联网的快速发展，对传统的RSS造成了强大的冲击；RSS推送方式虽然比搜索引擎更聚焦，但仍显得死板，难以达到精准的推送，甚至造成信息负载。

策展：让人们在消费的同时生产知识

在继搜索引擎和 RSS 聚合之后，内容策展（content curation）正逐渐成为信息时代人们获取信息的主流服务，越来越多的人正寻求通过内容策展来帮助其梳理这错综复杂的互联网世界的新方式。

那么，什么是内容策展？简单地说，内容策展就是发现、组织和分享在线内容的过程，它是人们赋予任何搜集、组织而得的信息以"定性判断"，从而增加这些信息价值的活动。内容策展中人们的工作不是创造出更多内容和信息，而是让其他人所创造的内容和信息有新的意义，即"找出最佳与最相关的内容，然后以最佳方式呈现之"。

在 Web 2.0 环境下，信息消费既是信息搜集、获取与利用的过程，同时又是一种与他人互动、社会化聚合的过程，甚至也可以说是一种信息生产和创造的过程。因为，不只是内容生产者能够产出价值，即使你只是一个内容消费者，但你将获取到的内容根据个人知识、经验、联想力，进行了挑选、呈现、重组而赋予其更多意义，那么，你也创造出了新的价值。这正是策展的魅力所在。因此，策展实际上关乎选择、组织、呈现与发展。它能帮助用户在海量的网络信息中"筛选"出最符合用户个性化需求，以及对用户最有价值、最值得其阅读的内容信息。

2011 年，先是 Pinterest 的崛起受到硅谷的关注，接着大批互联网企业开始纷纷效仿：Snip.It 作为一个社交性的信息策展平台被开发，Quora 出于相同目的采用了信息板，而 Fab.com 则推出了结构化社交电子商务信息流。到了 2012 年，"策展"业已成为社交网络领域的一种潮流。可以预言，策展将大受国人欢迎。

急剧增长的用户参与带来的直接后果是信息大爆炸，是海量的信息中冗余信息的泛滥。搜索意识给予人的是主动求知和自主解决问题的力量,这股力量可以帮助你实现沙里淘金。然而,信息的爆炸让搜索引擎对于使用者的效益减损。RSS 则通过帮助人们筛选与过滤掉一些无关信息,让我们订阅的信息来找我们,但它依旧是一种人们单方面消费信息的过程。而"策展"则可以说是在海量的信息世界与人们之间设立一道"过滤机制",以清晰的信息取代杂乱无章的信息,从而实现精准"过滤"。它不仅帮助人们获取对自己有价值的信息,而且使人能够通过倾注个人热情与专业知识,进而为信息增添价值。

在自媒体时代,从搜索到汇聚再到策展,每个人都可以成为高效的信息消费者,同时人人又都可能成为信息的创造者。因此,随着策展的出现与发展,有人惊呼:"搜寻将被淘汰,策展才是王道。"史蒂芬·罗森鲍姆的大作——《为什么搜寻将被淘汰:在内容被淹没的网络世界,策展才是王道》(黄贝玲译)正是持此种观点的代表之一。

从搜索到 RSS 汇聚再到策展

随着 Web 2.0 的广泛应用,网络信息资源呈指数级增长,用户贡献的内容林林总总,这使得信息搜索归类、信息推介评价及信息加工增值成为当前信息社会面临的三大基本问题。

阿尔维托·曼古埃尔在他著名的《阅读史》第一章中写道:"阅读,几乎就如同呼吸一般,是我们的基本功能。"在线阅读是信息时代每个人的基本学习与生存状态。如果说实物记载文字引发了阅读的第一次革命,而造纸术、印刷术的出现,则是将阅读传播范围进一步地扩大了。现如今的社会性网络和新媒体技术的发展,则在某种程度上引发了第三次阅读革命。

从搜索到 RSS 汇聚再到策展,不仅是信息检索和在线阅读方式的演变,而且是网络技术促使阅读与写作、创作与共享、消费与生产方式合流发展、演变的具体表现。我们不敢断言搜索一定会被策展淘汰。即使它终将会被淘汰,我们至少也应该在它被淘汰之前,不断培养自己的信息搜索意识，提高自己的信息检索能力。与此同时，我们更应该推广 RSS 汇聚的发展与应用，积极成为一个数字策展人，在消费信息的同时，积极分享和传播有价值的信息。只有这样，才能更充分地享受信息时代带给我们每个人的机遇与恩惠。

5.2 指尖下面是大路

> 指尖下，我们可以应用诸如 Google 之类的搜索引擎、社会性网络，以及机构内部的局域网，迅速快捷地检索和获取信息。

在笔者很小的时候，在遇到困难、不知所措时，母亲总是教导我说，"鼻子下面是大路"。她的意思是，人遇到困难，应当去征求他人的意见，向他人请教。今天，"鼻子下面是大路"这句话虽依旧有效，但更好的方法似乎是"指尖下面是大路"。

鼻子下面是大路

2012 年初，应瑞典两所大学的邀请，笔者前往瑞典开展合作研究、讲学和访问交流。在完成了所有的讲学交流任务之后，距离回国的日期还有将近一个礼拜的时间。笔者在想，这不正好是一个让自己紧张忙碌的身心得以放松的假期吗？

去哪里度假呢？在跟笔者的好友，瑞典中部大学的 Ola Lindberg 博士讨论之后，笔者决定前往意大利的罗马。在网上为自己预订了一个位于罗马市中心的小旅馆，并在线购买了机票。到了出发的那天，笔者从瑞典北部的城市于默奥出发，前往首都斯德哥尔摩，经德国慕尼黑转机，最终按预计时间抵达了罗马的费尤米西诺国际机场。笔者拖着行李箱，背着永远随身的笔记本电脑包，走出了机场的到达厅。

指尖上的学习——移动学习理论与应用

这是笔者第一次到意大利，不懂意大利语。如何从机场前往已经预订好的宾馆，成了笔者面临的第一个问题。此时，母亲的教导在耳边萦绕，"鼻子下面是大路"。笔者走向两个意大利帅哥，告诉他们我要去的地方。这两位意大利兄弟倒是十分热情，他们轮番上阵，对着我一通"狂轰滥炸"，可是我却一头雾水，因为我一句也没听懂。这可如何是好？突然，我想起来，在全世界几乎所有的大城市里，机场几乎全部都位于城市的郊区。而从郊区始发的地铁，要么直达市中心，要么穿过市中心。想到这里，我花了4欧元，买了一张地铁票，拉着行李，背着背包，踏进了地铁。

随着地铁的运行，一站又一站过去了，该从哪里下车比较好呢？笔者无计可施。罢罢罢，从人多的地方下，准没错。于是，到了一站，看到人流涌出车厢，笔者也随之走出了地铁，站在了罗马街头，但却茫然四顾，不知宾馆在何方？看来，我又不得不向人问路。想起刚才的痛苦经历，笔者实在不愿意再重蹈覆辙。

突然，笔者想起前一天在瑞典的时候，曾在平板电脑上用地图查阅过宾馆的位置。打开地图，根据笔者所在位置的街道名，总可以找到宾馆的相对位置。但当打开地图时，笔者心生的一线希望再度破灭。因为罗马街头的路名是以意大利语命名，而笔者的平板电脑上的地图是英文版的。这可如何是好，看着太阳从西边渐落，笔者满头大汗，略微着急。我想，拿着平板电脑，指着上面标记出的宾馆位置，路人总可以给我指个方向吧？！

想到这里，笔者即刻拿着平板电脑，朝着十米开外的一位年轻的、看上去像是当地人、想必会讲英文的女子走过去。而就在这个过程中，笔者吃惊地发现，在iPad的地图上，除了宾馆的位置之外，还有一个蓝色的小圆点。

这个小圆点，笔者走，它也在走。

这个蓝色的小圆点是GPS信号，它标记的是笔者"当前"的位置，随着位置的移动，笔者"当前"的位置和宾馆的位置一目了然。哪里还用得着向别人问路啊？此时的我茅塞顿开，欣喜若狂。

那一刻，我获得了四十多年来从未有过的旅游体验。那一刻，世界以我为中心，以我的 iPad 为中心。

是啊，今天，有了移动终端，我们进入了一个没有陌生人的世界，"迷路"二字将由此从地球上消失。在接下来的几天时间里，在罗马街头，有一位来自中国的中年男人，时不时地从背包中拿出 iPad，移动数步，突然改变方向。

而那个中年男人，就是我。

指 尖 知 识

说到指尖知识（fingertip knowledge）这个概念，就不得不提到 Elliot Masie。

Elliot Masie 是个很了不起的人物，他是数字化学习领域的先驱。如果没搞错的话，E-Learning 这个概念就是他首次提出来的。有人用"E-Learning = Elliot Learning"这个公式来表示 Elliot Masie 在数字化学习领域的绝对领先地位。他是 MASIE 的创始人和总裁，MASIE 是专门研究学习与科技的智库，是智库 Elliot Masie 中心的《学习趋势》（Learning Trend）杂志的主编，是一位培训与发展领域的大牛，同时也是一位未来学家、分析师和研究者。除此之外，他还是许多政府部门、企业、教育机构及非营利组织的顾问。Elliot Masie 的主要研究兴趣在企业学习、组织绩效和新兴技术等方面。

好了，还是回到指尖知识这个概念吧。所谓指尖知识，其实就是应用诸如 Google 之类的搜索引擎、社会性网络，以及机构内部的局域网，迅速快捷地检索和获取信息的知识与技能。由于它是经由电子键盘输入来检索获得的，因此 Elliot Masie 就将其形象地称为指尖知识。

指尖知识这个概念，与笔者所说的"搜索就是学习"在本质上是一样的。随着时间的推移，笔者越来越觉得这种知识，是信息时代众多知识中的首要知识，也是当今乃至未来相当长一段时间里极为重要的学习技能和生存技能。为什么说指尖知识是信息时代的首要知识？因为如果你掌握了指尖知识，对于相关的知识、困惑或问题，都可以经由搜索引擎和搜索实践，使得这些问题迎刃而解。

在忙完课程之后，笔者又投入到中断的《世界是开放的》一书的书稿审校之中。该书的第二章就是谈论搜索的。笔者的一个学生翻译了这一章的内容。总体来说，对于初次承担翻译任务的学生而言，翻译得很好。在审读的过程中，笔者提出的有关"搜索就是学习"和指尖知识的观念又一次被印证了。

事情是这样的。在这一章里，有一节的标题是 Waste of Bandwidth，字面意思很简单，就是浪费带宽。书稿中提及 Seymour Papert 教授在越南河内遭遇车祸，作者从自己以前的一个学生那里得到消息，但是消息太少了。于是他在网络上搜索，经过一番努力，最终找到了 Andy Carvin 教授的博客。在这个博客上有更为全面、详尽的关于 Seymour Papert 在河内遭遇车祸的消息。于是，作者发出感慨，前面所做的搜索，真是浪费带宽（Waste of Bandwidth）。

问题来了，作者到底是说 Andy Carvin 的博客？还是表达自己浪费带宽的感慨？这实在是一个问题。如果没有网络，我们恐怕是很难知道的。

审读到这里，笔者就必须做一件事情，那就是去搜索。通过搜索，看看 Andy Carvin 的博客名字是不是就叫"浪费带宽"（Waste of Bandwidth）。只有这样，才能弄清楚作者到底是在说 Andy Carvin 的博客，还是表达自己浪费带宽的感慨。如果不进行更深入的搜索，这个问题的答案几乎是难以获得的。

一查阅，Andy Carvin 的博客名字还真叫"浪费带宽"（Andy Carvin's

Waste of Bandwidth），若有时间，你也可以上去瞧瞧。

5.3 搜索就是学习

搜索，本来就是一种学习；学习，本来就是一种搜索。

搜索，本来就是一种学习。当大脑中存储了相关的知识和信息的时候，人们就会尝试利用已有的知识和信息对新情境作出解释，这就是皮亚杰所说的"同化"。而当无法获得解释的时候，新的刺激会与已有的认知结构发生冲突，顺应就发生了，我们也随之获得了新的经验。这里，人们只不过不是在互联网上搜索，而是在自己头脑储存的知识和经验中进行搜索。

学习，本来就是一种搜索。学习，不正是在已知的基础上，搜索事物之间的联系，探寻问题的解决方案，寻求新知和问题的解决吗？学习，离不开搜索。没有在脑海中的搜肠刮肚，以及在搜索基础上的比较鉴别、分析归纳和推理论证，就没有新知识的产生。学习，其实是搜索的代名词。学习过程就是认知冲突的解决过程。人通过搜索与问题相关的知识点，尝试发现知识点之间的联系，并建立关联，完成了这些活动，认知冲突就得以解决，学习也随之发生。

人们不为搜索而搜索。生活需要搜索，工作需要搜索，学习需要搜索，娱乐也需要搜索。搜索可以找到我们想要知道的，解答人们未知，满足人们的好奇心和求知欲。搜索，帮我们找到很多老歌词、老歌曲，记录下来，去校园文化广场参加合唱；搜索，使人们可以收集老电影、老书籍，重温童年的梦和青年时代的爱情；搜索，可为家庭主妇找到很多菜谱，给餐桌增添不少菜品；搜索，教我们炒股、打牌、看电影、玩游戏，使人精神愉悦；搜索，使作弊者曝光，伪劣产品出名，丑行大白于天下；搜索，让食客找到中意的餐馆，让迷失方向者找到出路，让商家找到潜在的客户，让教师找到同行，让攀岩者找到同好，让困惑者的问题变得明晰……搜索，跨越了年轻一代与父母之间的代沟，缩短了信息发布者与信息接收者之间的时空，填平了知识拥有者与学习者之间的鸿沟，也勾起人们对年轻时一起看电影的回忆。更重要的是，搜索唤起了老一辈人几乎磨灭的童心，唤起了他们这一代主动学习的年轻精神与更新知识的青春朝气。今天，没有搜索的日子，实在不堪想象啊！

搜索并非大多数人所以为的那样简单。将关键词输入搜索引擎的搜索框，这只是搜索的最初级的水平。如何快速、便捷地找到真正需要的信息，仍有很长的一段路要走。特别是如何将搜索引擎技术与传统的人际沟通结合起来，服务于学习与问题解决，是今天各个行业迫切需要掌握的知识与技能。

的确，搜索不是万能的。在加拿大 Claude 基督教长老会外树立的广告牌上，有这样一句话，"有些问题是 Google 所无法回答的"。但是没有搜索，绝对是万万不能的。人肉搜索现象由于有了社群成员的人工参与、辅助和补充，从而进一步推动和提纯了搜索引擎搜索的信息，将传统的人际沟通交流方式与搜索引擎技术结合起来，枯燥乏味的查询过程演变成了一人提问、八方回应、各显神通的分布式、虚实结合、外脑内脑协调的人性化高效率的搜索场景。的确，人肉搜索在伸张正义的同时，也时时危及着人的隐私权。但人肉搜索成效神奇，这一点就颇值得人深思。

互联网时代，你无法选择等待。在遇到新问题的时候，在面临困难的时候，在未知挡道无法前行的时候，人们首先会考虑用搜索引擎主动搜索，获得新知识和新的信息。搜索，改变了人们获取信息学习的方式。搜索，成了信息时代一种全新的学习方式。从 1995 年 Yahoo 目录式的搜索，到 1998 年之后的关键词搜索，再到 2000 年之后中文搜索引擎的崛起，每一次搜索技术的进步，其实都可以说是学习科学与技术的发展。

网友们常说,"会搜索才叫会上网"。其实,我们也可以说,"会搜索才叫会学习"。"知之为知之,不知 Google 之",不正是网络时代搜索作为学习方式的精彩写照吗?

5.4 知之为知之,不知 Google 之,是为真知

"知之为知之,不知 Google 之",此乃信息时代之真知也!

知之为知之,不知为不知。这句话的意思是说,做人要诚恳实在,知道就是知道,不知道不要装作知道。但在互联网时代,好像没有什么事情是我们不能知道的。

但是,在互联网时代,人类进入了一个信息大爆炸时代,所有的信息似乎可以说唾手可得。随着移动互联网及移动终端的普及,各种信息随之即来。当你想要获得某个领域的信息时,只需要动动手指,点击搜索引擎,海量信息便会扑面而来。甚至有时当你还没打算获取某个领域的信息时,后台强大的数据库也会及时将信息推送到你眼前。如此一来,在面对这些海量的信息群时,如何高效搜索需要的信息?如何快速辨别有效信息?这似乎就成了当代人的一门终身必修课。

Google 搜索:实在不简单

2002 年,笔者与所在的研究所 FERC(Future Education Research Center,未来教育研究中心)应邀参与了广东省教育厅与英国文化教育委员会共同开发的"英语教学与互联网"项目(English Teaching and Internet Project,ETIP)。当时英国文化教育委员会让我们作为第三方,对他们邀请的一个外国专家所组织的教师培训活动进行评估。而一年之后,我们成了这个项目的合作方之一。

指尖上的学习——移动学习理论与应用

记得在看到那位外国专家的培训方案时，笔者很不以为然。觉得这个"鬼子"（我对老外朋友的昵称，毫无贬义和恶意。在英国的时候，笔者的老友 IAN 先生就叫我"鬼子"）很有意思。英国文化教育委员会不远万里邀请他组织为期 4 天的培训活动，他居然安排了一天半的时间谈论信息检索，而且多数内容是关于 Google 的使用。我当时心里想，这还用你来教中国教师吗？不就是在搜索框里输入想要的东西，单击"搜索"，慢慢去找吗？

第一节课，这位外国专家给 18 位来自广东的英语骨干教师上课，任务是"搜索莎士比亚的生日"。在场的 18 位教师，加上我们 FERC 的 3 位观摩评估员，一共 21 人，最终却找到了 16 个答案。可莎士比亚显然只能出生一次，不可能有多个生日。从那之后，我再也不敢觉得 Google 搜索很简单了。使用 Google 越久，越觉得它真是奥妙无穷。

Google 搜索：提升解决问题的能力

几年前，笔者应广州市教育局的邀请，在南国桃园为广州的一些中小学校长和骨干教师作主题为"网络时代的学校德育"的报告。准备了差不多 3 周时间，直至报告的前一天晚上，我还在准备，可忽然发现计算机启动非常慢。这可如何是好？

在大学本科阶段，笔者读的是教育系的学校教育专业，硕士读的是心理学专业。对于计算机，基本上都是自己摸索着学习，因此对学习内容并没有形成完整的结构体系。以往如果遇到问题，笔者多数是请教我的同事或者研究生，让他们帮我解决，之后就知道以后遇到此类问题该怎么办了。

那次已是凌晨，显然是不能给同事或研究生打电话了。可第二天早上就要赶到南国桃园作报告，笔记本电脑又这样慢，该怎么办呢？

无计可施的我突然想起网友常说的一句话，"外事不决问 Google"。于是打开 Google 浏览器，在搜索框里输入"Windows 2000 启动速度慢怎么办？"这一句话。Google 找到了一大堆页面，在前 10 个页面，有一个网页的标题是"十步轻松解决 Windows 2000 启动速度慢"。笔者打开了这个网页，一边阅读，一边根据上面的步骤操作。好不容易到了最后一步，网页上又提示"重新启动你的电脑"，我照做了。

重新启动之后，笔记本电脑的运行速度明显加快了。我又吃惊又兴奋，因为亲手解决了自己以前根本无法解决的问题，获得的成就感和自豪感实在是难以言表。从那次开始，每当计算机启动速度慢的时候，笔者就去 Google 搜索，按照操作步骤解决出现的问题。

用 Google 找盒饭吃

差不多十多年前，笔者在撰写自己的博士论文时，被文章"用自组织神经网络处理教育技术学关键词的聚类研究"折腾得寝食不安。天气又闷又热，便将自己关在三楼的实验室里，地板上铺了一张凉席，吃住都在里面。

有时，中午太热，不想外出吃饭。笔者就用 QQ 给在六楼机房的研究生发信息，要他们代订盒饭，一起解决吃饭的问题，省得外出受热又浪费时间。一天中午，笔者用 QQ 给小黎发信息，要她帮我们订盒饭吃，她爽快地答应了。

可是过了不久，她的头像一直在笔者的 QQ 里闪。一看，她说订不了。便问怎么回事？原来是她没有订盒饭的电话号码。

我说："以前你不是有吗？"

她说："记录号码的纸是隔壁同学的，人家回老家过暑假去了，没有号码订不了。"

这可怎么办？难道要顶着烈日，跑到外面去解决午餐的问题吗？笔者突然灵光一闪，想看看能否在 Google 里找到订盒饭的地方及其电话号码。笔者在 Google 里搜索了一番，没想到真的找到了一个网站，名字叫"叫饭网"（www.jiaofan.com）。仔细一看，仅在我们学校附近的"石牌和太平洋电脑城"周边，就有 90 家订盒饭的餐馆，页面上不仅有电话号码，而且各种盒饭的荤素搭配、地方菜品，要什么有什么。两菜一汤或是三菜一汤，随你自己选择，且图文并茂。

笔者欣喜若狂，将这个网址发给我的学生，顺便说了一句："我们有网络，有 Google，难道还会饿死吗？！"

笔者为什么要谈论这个事情呢？因为笔者一直认为，搜索就是学习。可是人们如何进行搜索式学习呢？通过订盒饭这件小事，可以得到以下几点感悟。

（1）搜索式学习，是一种按需学习（learning on demand）。

（2）搜索就是学习。这里所谓的搜索也好，学习也罢，都是按需进行的。学习是在真正需要的时候才发生，搜索也是在真正需要的时候才发生。

（3）搜索式学习，搜索和学习是伴随发生的。也就是说，学习的时候，按需搜索；搜索的时候，带着问题去搜索，通过搜索来解决问题。学习就是这样发生的。

"知之为知之，不知 Google 之"，此乃信息时代之真知也！可能很多朋友会认为搜索很简单，不就是在搜索引擎中输入自己想获取的内容吗？如果真的这么简单，搜索这件事对于我们来说，就会变得容易很多。但是，今天的搜索引擎依然无法达到足够的智能，如果不掌握足够的搜索技巧，仅仅将自己想要知道的内容输入搜索引擎中，就会检索到海量的信息，而在这些信息中，很多信息往往是无效信息，无形中便会增加检索及获取信息的成本。

5.5 知识技能分享：让人人为师、人人为学成为可能

在这个知识技能可以分享的时代，在这个"人人为师、人人为学"的时代，分享开始体现出前所未有的魅力和力量。

随着互联网的飞速发展，我们已经进入了一个"分享经济"的黄金时代。分享遍地开花，催生了林林总总的包括知识技能在内的分享模式，并出现了一大批具有代表性的企业和机构。从最初的交通出行，到旅行中的房屋住宿，再到餐饮、物流、办公空间、医疗、教育，"分享经济"从一个个细分的市场出发，逐步渗透到农业、能源、城市建设等各行各业。在这个知识技能可以分享的时代，在这个"人人为师、人人为学"的时代，分享开始体现出前所未有的魅力和力量。

交通分享：让人们搭上互联网的顺风车

回顾历史，交通方式的演变，可以说是信息时代科技发展的产物。从昔日的两只脚走天下，到骑马、坐马车，再到如今的乘汽车、火车、飞机、高铁等。科技的一小步，就是交通的一大步。

想想看，曾经的你是如何搭乘出租车的？如果我们要搭乘一辆出租车，还是要具备很多条件的。在家里，你当然打不到出租车；在小区里，你也许还是打不到出租车，必须走到马路边；在马路边，你也许还是打不到出租车，因为你必须看到出租车，还必须是空的出租车；你看到空的出租车，也未必能打到车，因为出租车司机必须看到你要打车。想想看，昔日打出租车还真不是一件简单的事情。

而现在，情形已经完全不同了。

早上出门之前，收拾好行李，可以泡上一壶茶，一边喝茶，一边用手机上的"滴滴出行"App，填写目的地及出发时间。在约好车之后，

你还可以继续喝茶。或者,你可以用易到、优步、神州专车之类的App,设置目的地、上车地点、出发时间,还可以从众多的车型中选择自己心仪的车型甚至司机。当司机把车开到离你最近的地方,给你打了电话之后,你就可以穿上外套,提着行李下楼,乘车而去。

"网络约车"已经发展成为一种时尚又低碳的出行方式。根据国家信息中心发布的《中国共享经济发展年度报告(2019)》的统计数据,2015—2018年,网约出租车客运量占出租车总客运量的比重从9.5%提高到36.3%,网约车用户在网民中的普及率由26.3%提高到43.2%,其发展异常神速。

今天,这种交通分享的模式依旧在飞速发展。据报道,在北京、上海、广州等地,交通分享的模式开始由汽车向自行车转变。上海的摩拜单车正在迅猛发展之中,不少风投的资金也大举涌入自行车分享领域。这种两轮优步式的自行车分享经济,是否会走当年同类商业模式中的"烧钱肉搏战"呢?它们也是否最终以合并告终呢?然而,网络时代的分享需谨慎,北京的OFO就是一个典型案例。

房屋分享:让租住更有人情味

在互联网领域,如果说"滴滴出行"已经发展为中国事实上最大的出租车公司,那么,Airbnb已成为全球领域的房屋短租网站。

Airbnb不同于传统的酒店行业,它的房屋来源于个人住所,而不是酒店。当然,这也存在一定的安全隐患。租客可能会担心房东起歹意,房东也可能担心租客心怀不轨,不愿让陌生人住进自己的家里。世界上总会有那么几个"先吃螃蟹"的人,如果他说好,那么其他人也会抱着"试一试"的态度与好奇心一探究竟。市场就是这样建立起来的。

在全球范围内的房屋分享行业中,Airbnb的市场估值高达250亿美元,可以说是房屋分享行业的独角兽!而在国内,房屋分享整体上似乎还处于跑马圈地的蛮荒时代。2012年8月，仿照Airbnb模式的小猪短租在国内正式上线，经过几轮的风投和快速发展，截至2019年5月，小猪短租平台在全国700座城市拥有了超过80万套优质房源。

小猪短租平台成立于2012年，是国内共享住宿的平台代表，为用户提供民宿等短租服务。小猪短租平台的房源主要是普通民宿，包括隐于都市的四合院、花园洋房、百年老建筑、绿皮火车房、森林木屋、星空房等。在小猪短租平台上，房东可以通过分享闲置的房源，或沙发、帐篷，为房客提供有别于传统酒店、更具人文情怀、更有家庭氛围、更高性价比的住宿选择，并获得可观的收益；而房客可以通过体验民宿，结交更多兴趣相投的朋友，深入体验当地文化，感受居住自由的欢乐。

在互联网发展的初期，国内外以免费为标志的知识共享成就了许许多多的知识平台，比如，维基百科、百度百科、新浪微博、知乎、博客等。在这些新媒体和知识共享平台上，知识的分享以一种草根、自愿和免费的方式进行。无论是分享者还是知识与技能的获得者，都是出于对知识和技能的热爱，以及分享所带来的愉悦感而投身其中。但是，由此带来的新问题让人莫衷一是，真假难辨。在知识和技能能够便捷分享的同时，鉴别和筛选所需要的时间成本却大幅度增加。

分答：分分钟躺着就把钱挣了？

在分答平台上，我们能够因为知识而获得报酬！当你注册成为平台用户之后，就可以填写你的个人信息及相关资历（当然这一切需要经过平台认证）。这样一来，你就成为"分答"的"加V"用户了。普通使用者在遇到问题之后，可以采用付费的形式向你咨询；当然前期你也可以免费回答一些问题，借此增强"认知度"。例如，笔者曾因为一个疑难杂症,付费咨询过一名医生,他给的建议很快解决了我的问题。笔者也曾作为专业人员,解答过别人的疑惑。此外,在你回答问题之后,还可以设置允许他人以支付一元的方式"偷听"你给出的答案。"分答"的另外一个好处是,你可以采用语音的形式回答提问者的问题,这可大大节约你的时间成本。想想是不是很有趣呢?"分答"秉承"知识等于财富"的理念,在无形之中加速了知识的产出效率,因此吸引了大量的用户注册。

众多的知识技能分享,数不胜数。在信息化时代,知识可以从个人产权中脱离,并在全人类中传播。任何人都可以通过付出一定代价,收获或共享知识。注意,这里不是夺取,而是共享。知识在实现共享后,会变得更加丰厚。幸福越与人分享,其价值也就越高,知识也如此。这里无论是教师、行业精英,还是致力于实践探究的工作者,只要你有一定的专业能力,就可以成为一名"教师"。由此可见,"共享"并不是一种行为,而是一种状态,一种理念。在这个"人人为师、人人为学"的时代,知识并不像"所有物"一样独属于某一个人,而属于全人类。我们每一个人都是一个节点,通过与他人的联系而形成一个社会网络,知识在其中流动,输入和产出并不相等,由此实现了"1+1>2"的教育思想。

5.6 实践社群中的学习与知识建构

在基于实践社群的学习中,知识是建构生成的。

在实践社群中,每一个人,无论从事什么职业,多大年龄,只要对这个实践社群的领域感兴趣,都可以自发地从五湖四海聚集于此,为了共同的兴趣、事业或目的,建立成员之间的信任,分享彼此的经验和智慧。在基于实践社群的学习中,知识是建构生成的。

知识不仅来源于一些课程资料，更多的是从与他人的交流和分享中获取。每个人都不可能是孤立存在的，实践社群和知识建构早已密不可分。

Classroom 2.0：第二代课堂教学

Steve Hargadon（史蒂夫·哈格顿）是个长袖善舞之人。2007年3月，Steve Hargadon 利用 Ning 开发了一个网站，名叫 Classroom 2.0。到目前为止，Classroom 2.0 已经成为全世界较好的教师社群之一。在许多次跟一线教师交流的时候，笔者都会介绍他和他的 Classroom 2.0。如图 5-1 所示。

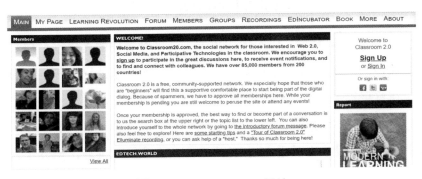

图 5-1　Classroom 2.0 网站

截至 2019 年 10 月，在这个网站，已经聚集了来自世界 200 多个国家的 85 000 位注册会员，以及不计其数的访客。这些注册会员，在 Classroom 2.0 这个全球教师的实践社群中，自发地组成了 1 164 个小组，每个小组都有自己的主题。小组人数不等，少则两三人，多则数十人，最多的一千多人。聚集在这里的教师只有一个梦想，就是借助技术，包括 Web 2.0、新媒体、社会性网络及其他技术，来变革传统的课堂教学，打造第二代课堂，促进自身的专业成长与发展。

在 Classroom 2.0，Steve Hargadon 还定期邀请来自全球实践社群中的朋友，或者其他教育工作者，进行在线学术讲座。Classroom 2.0 的注册会员、访客，或者其他任何人，只要接入网络并访问 Classroom 2.0 Live，就可以参加实时在线学术讲座和研讨会。中国的用户和访客由于时差关系，如果觉得不便参与活动，也可以通过实况录像观看和学习，或者下载演讲者的讲义，查看当时人们的在线讨论。

除了线上会议，Classroom 2.0 每年还组织许多线下（面对面）的教育会议和活动。

想想看，如果越来越多的中国教师能在这样的社群里，与来自世界各地的教师并肩作战、相互切磋，那么对于变革课堂教学及促进教师的专业发展，一定是大有好处的。

张伟春和他的天河部落

2005 年 2 月 23 日，广东省广州市天河区教育局的教研室主任张伟春，和他的小伙伴们一起创建了一个基于博客技术的网站——天河部落。在首页，张伟春主任写下了这样一段话：

天上银河，群星部落。

天河部落是一个基于 blog 技术、面向全市开放的教学研究平台，同时也是一条联结学校、家庭、社会的纽带。在这里，你不必担心技术是否娴熟，因为思想才是关键。你可以编写一段教学案例、上传一些教学资源，抑或是记录学生成长的点滴……这是属于每一位教师的博客。

Pedagoo.org：一个很棒的教师实践社群网站

Pedagoo.org 是一个不断快速发展的教师实践社群网站。在这里，来自世界各地的教师同行们相互支持、彼此鼓励、分享有效及创新的教育方法。这个教师实践社群的目标是通过积极、专业地分享教学经验来改变教学实践、提升教学效果。如图 5-2 所示。

图 5-2　Pedagoo.org 教师实践社群网站

Pedagoo.org 是一个博客类的社群网站，它允许教师轻松地在一个社群中进行分享。在过去，建立一个博客，聚集自己的听众，并保持最新状态可能非常耗时……但是，在 Pedagoo.org 上却很简单，你只需在这里注册，写下你的文章，就可以发表了。

比较有意思的是，Pedagoo.org 还把 Twitter 应用于社群实践中，特别精彩。据介绍，在 Twitter 上有一个标签，叫#PedagooFriday。每周，教师们都会用这个 hashtag 来分享他们一周的精彩瞬间。在他们看来，这是老师们结束一周辛劳工作的最好方式，也是教师们彼此分享的绝佳方式。而在 Twitter 上，许多#PedagooFriday 的推文，也变成了 Pedagoo.org 上的帖子。

在 Pedagoo.org 上分享和讨论想法的更快捷方式是论坛互动。在网站上注册之后，用户就可以自由创建新主题或回复正在进行的主题。

线上线下相结合，是 Pedagoo.org 大放异彩之处。绝大多数的教师实践社群是在线的，而在 Pedagoo.org 里，社群成员之间偶尔也会发起和组织一些线下的 Pedagoo 活动，比如 TeachMeet、工作坊、学术会议等。他们专注于为教师提供互相学习和进一步发展社群的好机会。

实践社群中的学习是生成性的学习。在实践社群中，同伴之间的相互鼓励、督促是实现有效学习的重要法宝。在实践社群中，你可以通过论坛与其他学习伙伴进行交流，发帖求助、回答他人的问题，并从问题中发现问题。这就是知识建构的意义所在。当然，在线交流是实践社群中必不可少的组成部分，同样地，学习支持服务也不可或缺。实践社群中的构建者应当善于发现问题，并积极组织相关专家或优秀教师，提供扩展资源，或者以在线的方式进行集中解答。同时，线下学习也是实践社群的有力补充。若有一定的必要，也可组织社群教师进行线下会议，组建自己的学习社群，构建终身学习群体。

在基于实践社群的学习中，知识建构是有效的，是生成性的。学习者不是在自己已有知识的基础上进行意义建构，而是站在"他人的肩膀"上进行学习和思考。每一个人都会形成一个网络节点，组成一个巨大的社交网络，知识在其中以"信息元"的形式不断流动，学习就这样发生了。

5.7 对寂寞单调之极的徒步，笔者是如何上瘾的

> 走路上瘾，于笔者，首先是因为移动终端和 App 可以量化自我，记录这些数据；其次是因为可以晒历程、求监督，而一旦习惯养成的时候，便成了一件习惯性需要做的事情。

徒步，其实是蛮有意思的

2015 年 12 月 13 日，在深圳，早上醒来，笔者穿戴整齐，出发前在微博上写下这样一段话："早晨醒来，第一件事情就是走路，毕竟，健康是最伟大的事业。走路这种单调、寂寞之极的事情，不知道什么时候开始变得如此让人上瘾。嗨！出发啦！"

回顾笔者的徒步历史，有据可查的是，第一次用手机记录徒步历程是 2013 年 1 月 22 日，地点在华南植物园，那天傍晚 7 点 31 分，行走历史记录显示笔者行走了 11 分 36 秒，共行走 1.83 千米，消耗了

138卡。

从那之后，便一发不可收拾了。其实，徒步是会上瘾的！笔者第一次听到这样的说法，是从伟春那里，觉得很不可思议！这种运动，在笔者看来，有点类似自虐，根本让人无法接受！

第一次较长距离的行走，是2013年7月24日早晨，地点是温哥华郊区的高贵林市。

那次之前，笔者每天早上都会到屋后的树林里徒步，但每次的时间和距离都不长。原因是笔者不断地被告知，树林里有熊出没。在当地电视和报纸上，时不时地也会有报道称某某家有熊来访。最有趣的是，据说有一次，当地的小学生在教室里上课，一只灰熊爬在窗户外旁听！

其实，那天早上笔者并不打算徒步那么远。在那个时候，徒步那么远对笔者来说是不可接受的。可是，笔者也不愿意每次都沿着同样的路线前进，而是喜欢每次朝着不同的方向行进。当时，在驻地以东，有Coquitlam河穿过一片森林，自北向南潺潺流过。那段时间，笔者经常在Town Center Park一带活动，但是一直没有去过那片森林，也没有近距离去过那条小河。

2013年7月24日早上，笔者6:30出门，向北途经达格拉斯学院，从David大道向东，过了那座小桥，沿着公路转而向南。步行4千米之后，笔者就开始返航，来回往返3~4千米，差不多就已经是笔者那个时候最长的距离了。

当看到一片居民区时，笔者便折了进去，可是那里没有穿过森林的道路。笔者又走出了那片居民区，此时面临两个选择，要么掉头，要么继续向南前行。笔者不愿意走回头路，于是就只能继续前行了。

森林非常茂盛，有一条高速公路从中间穿越而过。除了时不时地有车呼啸而过，四周一片寂静。走了6千米左右，看到一条穿越森林向西的小道，笔者便拐了进去。又往里走了 100 多米，森林更加茂密，只听见鸟儿、虫子的叫声。此时的笔者顿生惊恐，心想会不会突然杀出一头灰熊，若真有灰熊出现，那我岂不"报销"在这个 Poco Trail 里了？于是笔者掉头退了出来，继续沿着大路南行。一直到 Loughead 高速公路，再折回高贵林市，返回驻地。那天笔者一共行进了 10.48 千米，历时 1 小时 52 分 34 秒，消耗了 6.56×10^5 卡。那恐怕是当年的最高纪录吧！

2015 年 8 月 13 日，这是笔者刷新纪录的一次。当时，笔者应邀在云南腾冲参加一个学术会议。会议安排笔者在 13 日下午发言，上午正好轮空，于是和来自北京的一位朋友，两个人前一天下午约好一起去徒步。早上我们 7 点到了餐厅，匆忙用完早餐，7 点 26 分就出发了。那天早上，我们历时 3 小时 39 分 53 秒，行进了 16.04 千米，消耗了 1.172×10^6 卡。那天，我们一起登上了宝峰寺和擂鼓顶，海拔达 1 800 米左右。

从那次之后，行走变得越来越上瘾。

2017 年 5 月，受我们学院的委派，笔者到澳门为我们的澳门硕士研究生班的在职教师学员授课，课程被安排在每天晚上和周末全天。这样，周内的白天，笔者就有机会四处行走。最新的纪录是这一次，笔者一共行走了 22.4 千米，历时 6 小时 3 分 11 秒，消耗了 1.64×10^6 卡。笔者中途有几次搭乘公共交通，但没有计入 22.4 千米的行程中。

走路上瘾，于笔者，首先是因为移动终端和 App 可以量化自我，记录这些数据；其次是因为可以晒历程、求监督，而一旦习惯养成的时候，便成了一件习惯性需要做的事情，甚至会产生依赖性上瘾，并且阈值不断提高。

将这些移动终端和 App 应用于教育中，如果可以激发学生的移动学习的内在动机，那么学生对于学习，估计也会像笔者徒步那样"上瘾"的。

第 6 章
移动学习发展趋势篇

6.1 移动学习应用与研究的新进展

基于人机互动的即时学习普遍被认为是移动学习的主导模式

移动学习在诸多领域的应用迅猛发展,尤其是在学校(包括高等院校和中小学)教育情境中。除此之外,企业培训及其他的非正式学习也逐渐尝试移动学习这种新方式。相对而言,移动学习最先为基础教育和高等教育界所接受,更多的实践和研究出现在基础教育中的校外教育和高等教育领域里。最近几年,移动学习在学校教育体系中的应用不仅快速发展,而且日益受到人们的关注。此外,随着技术创新和终身学习的重要性日渐为人们所理解与认同,加之人员流动性的增加,企业情境中的移动学习实践与研究也越来越受到企业界和教育学术界的共同关注。

就全球范围来看,移动学习在学校教育情境中的应用通常表现为三种模式,具体如下。

(1)一对一数字化学习,这便是国内所谓的"电子书包"。

(2)自带设备(bring your own device,BYOD)。这是一种源自 IT

企业的由用户（学习者）自己携带自己的移动终端进行工作或学习的模式，近年逐渐为国内一些学校所接受。

（3）基于移动终端的校园服务和自主学习。相对而言，一对一数字化学习模式在一些相对欠发达的国家和地区较为常见，BYOD 模式则通常在相对较为富裕的国家和社群中更为普遍，而基于移动终端的校园服务和自主学习则是发展最早和最为迅猛的领域。

在国内，几乎全部学校并不允许学生在校内使用智能手机，尽管禁止孩子在校内使用手机的学校非常清楚地知道，这种禁止是徒劳的。绝大多数开展"电子书包"项目的学校并不允许学生以"移动"的方式使用这些移动终端，这结果必然导致所谓的"电子书包"项目变成了一种以移动终端代替 PC、以无线网络代替有线网络的"新型计算机网络教室"。换句话说，在学校教育情境中，学校和教师常常会试图以一种适应于传统课堂教学的方式使用包括移动终端在内的新技术来开展教学，与教师相比，学生们使用的方式和习惯的方式则是完全不同的。这类现象常常发生在一对一数字化学习情境中。这两者之间的落差使得移动学习的效果大打折扣。

从更大范围来看，移动学习更多是在学校教育情境之外展开的。就全球范围而言，绝大多数移动学习项目是专门为非正式学习而设计的。比如，Nokia Life Tools，就是一项基于 SMS（short message service）和浏览器的订阅服务，它提供包括医疗保健、农业和教育等相关诸多领域的信息。移动技术在教育领域的新近创新研究主要集中在以下三个方面：

一是数字内容的创建，大部分是适应于电子阅读器的数字教科书的设计开发；

二是移动应用的开发；

三是移动学习课程与系统的设计开发、应用。

移动学习理论亟待发展

理论亟待发展是当前移动学习研究、设计、开发与应用面临的一大瓶颈。与许多新的教育技术应用一样，移动学习同样也是一个实践先行的新兴领域。当前的绝大多数教育理论是围绕在传统教育环境中所发生的、在教师指导下开展的学习活动而预设的。因此，这些理论均未能抓住移动学习的特性，对移动学习现象缺乏应有的解释力度。进而，对移动学习课程和项目的设计、开发、应用等实践，以及移动学习研究无法给予正确的指导。

尽管如此，依旧有人不断努力和大胆尝试，试图用已有的教育理论和学习理论来解释移动学习。在行为主义学习范式中，学习被视为通过对一个特定刺激与反应之间的联结的加强来促进（练习和反馈）效果。为此，移动终端可以用来为学习者呈现教学材料和内容、提出问题（刺激），且能够即时地获得来自学习者的反应，为其提供适当的反馈（强化），从而增强行为主义学习过程。

建构主义将学习视为一种主动行为的过程，在这个过程中，学习者依据其现有的和过去获得的知识，建构新的观点或概念。在建构主义学习框架中，教师应当鼓励学习者自己去揭示和发现规律。为了将学习者从被动的信息接收者转化为主动的知识意义建构者，教师必须为学习者构建一个可以参与到其中的学习环境，同时，为学习者提供适当的知识建构工具。

情境学习要求知识被表征于真实的情境中，这些情境通常会涉及知识，而学习者则会参与到实践社群中。移动终端为学习者提供了一种独一无二的学习机会，它使学习者置身于一种真实情境中的同时，也能够高效、便捷地获取各种知识意义的建构工具和学习支持工具。每一个学习者所携带的能够接入网络的移动终端，允许他们成为动态学习环境中的一个重要组成要素。基于这样一种认识，情境学习范式认为，学习不仅仅是个体知识的获取，更重要的是一种社会参与的过程。Brown 等人曾特别强调认知学徒制的重要性，认为在认知学徒制中，教师（专家）与学习者（徒弟）一同工作，创造了学习者在他们完全理解问题之前，就能够开始面向具体问题开展工作的可能性。基于问题的学习旨在通过给予学习者劣构问题，从而培养学习者的批判性思维。在探索问题的过程中，教师鼓励学习者涉猎这些问题的知识领域。

2012 年 7 月，澳大利亚阿德雷德大学学习与专业发展支持中心（CLPD）的学习设计师阿兰·凯灵顿（Alan Carrington），在新加坡南洋理工大学讲学的时候，提出了一种新的教育学，即 Padagogy。而 Pedagogy for iPads，可以翻译为基于 iPads 的教育学，也就是笔者以前所谈到的 iPadagogy。

阿兰的基于 iPads 的教育学可以说是移动学习理论的最新进展之一，他用一个轮状图展示了自己的理论，也就是阿兰的 Padagogy 轮。Padagogy 轮共 4 圈，从里向外分别是：目标、行为动词、活动、iPad Apps。在中心圈（第一圈），阿兰把教育目标归结为：识记理解（remeber understand）、应用（apply）、分析（analyse）、评价（evaluate）、创造（create）。与 2001 年 Anderson 和 Krathwohl 的布鲁姆教育目标分类学修正版不同的是，阿兰将识记和理解结合在一起。第二圈是行为动词，分别用来描述和阐释教育目标。第三圈是活动，介绍了大量的数字化学习活动，这些活动能帮助教师和学生达成预期的教育目标。第四圈，也就是最外圈，是 iPad Apps。在这一圈，共介绍了 62 个 iPad Apps。

后来，阿兰从笔者的博客网站上看到了我写的有关 Padagogy 轮的评论，他便通过电子邮件联系我，我们之间的合作和友谊由此拉开序幕。从那个时候开始，笔者带领团队，对 Padagogy 轮进行了进一步的深入研究，翻译了轮盘的内容，全面审定和修订了所有的 App，以便中国的教师可以使用。2018 年，由笔者会同南方医科大学的陈泽璇、湖南农业大学的张翼然两位老师,以及笔者团队的其他成员共同翻译了 Padagogy 轮 5.0 安卓版(见图 6-1)和 Padagogy 轮 5.0 苹果版(见图 6-2),并正式对外发布。

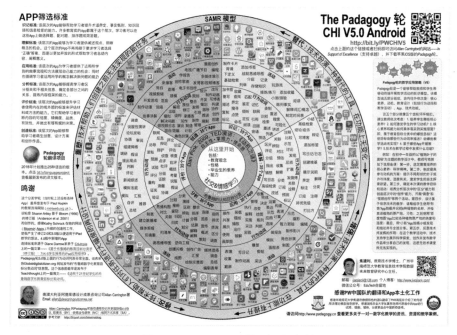

图 6-1　Padagogy 轮 5.0 安卓版

移动学习的未来走向

展望未来,移动学习实践与研究将呈现以下几个趋势:

第一,基于人机互动的即时学习普遍被认为是移动学习的主导模式;

第二,对移动学习实践者和研究者而言,学习的情境化与工作的整合将成为企业移动学习实践、研究的核心与重点;

第三,移动学习中社交性元素和用户体验将成为移动学习设计与开发者提升课程和产品吸引力的关键要素之一;

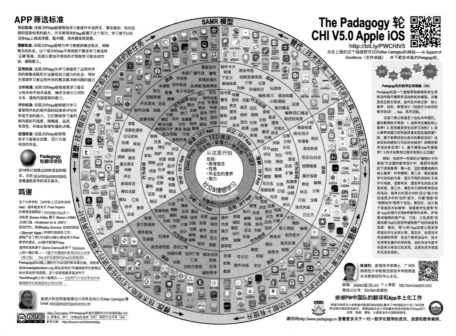

图 6-2　Padagogy 轮 5.0 苹果版

第四，支持基于移动终端的合作、协作与辅导将成为移动学习系统的核心功能需求；

第五，移动学习将有机融合正式学习与非正式学习。

教育工作者、技术开发者所面临的挑战是：找到切实可行的恰当方法，来确保移动学习的高度情境化、个性化、协作化，并且真正做到以学习者为中心。教育工作者需要适应如何从一个知识传授者转化为学习资源的引导者和学习活动的指导者、帮助者。此外，技术开发者在设计学习者所需要和购买设备及服务时，必须要充分考虑如何确保信息安全和隐私等问题。

6.2 在线教育前景其实是个老话题

> 在笔者看来，在线教育或其他的教育形式，能否真正取得成功，取决于多个方面，而学习者的学习动机和在线参与式学习方法则是成功的前提。

笔者平日里在网上浏览，时不时地会看到一些文章，大多在谈在线教育的前景。各种观点交会，多空交战正酣，唱衰者和唱响者针锋相对，观点差别还是很大的。其实，在笔者看来，关于在线教育的前景，甚至教育技术有效性之类的话题，是一个老话题。

多空交战依旧

我们不妨先看看这些观点：多方中唱响者的观点很多，他们大多对于在线教育持看好的观点，认为在线教育"能促进学习"，在线教育的"春天来了"，甚至认为在线教育可以"拯救"目前的传统教育，改变教育的命运。此种观点也类似于人们所熟知的教育技术是未来学习的发展方向，是教育改革与发展的决定性因素。这些观点大多接近于"技术决定论"。

对于在线教育，也有一部分人认为在线教育并非教育的拯救者，比较有意思的观点是槐序的观点，他把唱响者们称为"在线教育的乌托邦主义者"。在他的标题为《在线教育能促进学习？别闹了》的文章中，他列举了不少案例来批驳"在线教育能促进学习"的观点。他认为："在线教育能促进学习这种想法好比穿上西装便有工作能自动找上门一样美好。"他也说："在过去数十年里，公共图书馆资源已经非常完善。每个孩子只需要骑行一小段路，便可到达就近的自学点。不过你看到多少个自学成才的儿童了？"

关于在线教育的前景，多空交战依旧。双方各执一词，互不相让。网校网创始人张迪欧认为："唱衰者多来自传统教育机构，得利者、唱响者多为新入者；在线教育是否取代传统教育、两者的优劣讨论等均为伪命题，目前体制内教育与体制外教育各玩一套互不搭讪。"客观地说，张迪欧的看法描述了目前现象的一个侧面，但是，它既不是这个现象产生的根源，也不是这个现象的全部。事实上，在体制内外，唱响唱衰者都是有的，而且都很普遍。

多空之战是老话题

其实，有关在线教育的多空交战，不是今天才有，在教育技术过去差不多100年的发展历程中，类似的辩论从来都没有停止过。20世纪80年代初期，一场以克拉克为代表的"媒体无用论"和以考兹曼为代表的"媒体相关论"之间的"学媒之争"，实质上是对技术与教育关系问题的争论，它可以看作是今天在线教育前景多空辩论的前身，所折射的是人们对教育和技术关系的认识之路。

对技术与教育关系的认识，有乐观和悲观之分。持乐观态度的学者认为，技术是导致教育变革的革命性因素，是推动教育变革的动力；而持悲观态度的人认为，技术对教育的作用和影响被学者们肆意夸大了。人们对技术与教育关系的不同看法会带来对技术不同的态度，进而对教育产生不同的影响。

1983年，美国学者克拉克在《教育研究评论》(*Review of Educational Research*) 杂志上发表了题为 "Reconsidering Research on Learning from Media" 一文，提出了媒体本身对学习没有任何影响。

1991年，罗伯特·考兹曼也在《教育研究评论》上发表了一篇题为 "Learning with Media: Review of Educational Research" 的文章，表达了与克拉克相反的观点，他认为，媒体和方法是共同作用于学习的，学习是一个复杂的过程，受到许多因素的制约，媒体和方法相互作用、共同影响教学的效果。

克拉克和考兹曼之间的学媒之争是美国教育技术学历史上为数不多的争论之一。这一争论自20世纪一直持续到21世纪。在多数学者看来，以大量媒体功效比较研究成果为基础的学习和媒体关系的争论，忽视了媒体功效比较研究在设计和方法论上的局限性。而争论的焦点也表现在如何研究和解释不同媒体对学习结果的影响上。

比较有意思的是，美国人托马斯·卢索尔曾专门建立了一个网站，把自20世纪20年代起，他所发现的有关技术对教育影响的所有研究报告整理出来，发现了一种有趣的现象，名字叫"非显著性差异现象"。意思是技术对教育产生的影响是统计学上的"非显著性差异"。不过，由此否定技术对教育的功效，实属武断。

从这段历史来看，无论是学媒之争，还是教育技术的有效性研究的不同结论，又或者是今天在线教育前景的不同主张，归根结底都是有关技术与教育关系问题的不同主张，而技术与教育的关系问题是教育技术学的百年诘问和永恒话题。为此，在线教育的多空之战是老话题，相信在未来还会以不同的形式表现出来。

学习动机和在线参与式学习方法

无论什么形式的学习，学习动机都是第一位的。发表在雷锋网上的文章《在线教育在中国：依然只属于学霸，不会受学渣青睐》指出，中国在线教育的瓶颈是："因为传统教育的毒瘤，学子动机不纯，学霸依然是主要受众。"

记得托马斯·弗里德曼在《世界是平的》一书中讲过，"只有当新技术与新的做事情的方式方法结合起来的时候，生产力方面的巨大收益才会到来。"用旧的教的方法和学的方法开展在线教育，其结果自然是可想而知的。槐序认为，"其实，MOOCs也好，在线学习也罢，都是用来帮助那些已经有足够强学习动机的人学习的工具。这些人已经找到了学习的方法,无论是在学校里还是家里,都不会阻碍他们学习的进度,这就是说,你想做的事,没人能阻碍你。" 这和济慈的观点还是很类似的。

在笔者看来,在线教育或其他的教育形式,能否真正取得成功,取决于多个方面,而学习者的学习动机和在线参与式学习方法则是成功的前提。只有内因与外因相互作用,在线教育的前景才会更加美好。而这,也正是笔者为什么一直强调和提倡在线参与式学习方法的用意所在。

参考文献

[1] 鱼向阳. 青年研究所：社交网络是你孤独的一个原因|最终你还是要回到线下生活[EB/OL]（2016-09-09）[2016-11-07]. http://www.360doc.com/content/16/1107/ 08/1739700_604516905.shtml.

[2] 三年五年158. 浅析 SoLoMo（社交本地化移动）的营销方式和未来的发展趋势[EB/OL]（2018-09-26）. https://wenku.baidu.com/ view/a3c1c7910 d22590102020740be1e650e53eacf42.html.

[3] BONK C J. 世界是开放的：网络技术如何变革教育［M］. 上海：华东师范大学出版社，2011：8.

[4] 北京中方信富投资管理咨询有限公司.科大讯飞[EB/OL]（2018-01-09）. https:// wenku.baidu.com/view/f0a357f2d05abe23482fb4daa 58da0116c171f1c.html.

[5] 释真利.科大讯飞：中国最大的智能语音技术提供商[EB/OL]（2016-05-10）.http:// www.360doc.com/content/16/0510/07/8407612_ 557740876.shtml.

[6] SIEMENS G. Connectivism：a learning theory for the digital age ［J］. International journal of instructional technology & distance learning，2015（1）：5-6.

[7] 中国教育信息化网. 2018 年全球主要慕课（MOOC）平台发展情

况简介[EB/OL]（2019-01-30）. http://www.ict.edu.cn/html/lzmwy/mooc/n201901 30_56453. shtml.

[8] 常春藤教育. 迄今为止最受欢迎的20个TED演讲（附链接）[EB/OL]（2017-01-19）. https://www.toutiao.com/a6377241740945375489/.

[9] 安德森. 演讲的力量[M]. 北京：中信出版社，2016：26.

[10] 爱范儿. TED Ed：为老师打造的开放平台[EB/OL]（2012-04-26）. https://www. ifanr.com/84779.

[11] 王云云. 浅谈"人肉搜索"现象[J]. 青年记者，2011（29）：58-59.

[12] 序. 在线教育能促进学习？别闹了[EB/OL]（2013-04-27）. https://www.leiphone.com/news/201406/s-online-education-promote-learning.html.

[13] 36氪的朋友们. 从行业、市场、创业延伸的十二点看2013的网络教育[EB/OL]（2013-04-24）. https://36kr.com/p/202828?utm_source=feedly.

[14] 宗仁. 在线教育在中国：依然只属于学霸 不会受学渣青睐[EB/OL]（2013-04-28）. https://www.leiphone.com/news/201406/k-china-online-education.html.

[15] FRIEDMAN T L. The world is flat: a brief history of the twenty-first century[M]. New York: McGraw-Hill，2007：128.